# 지방자치제와 지방의회의 역할

## 지방자치제와 지방의회의 역할

2017년 11월 10일 초판 인쇄
2017년 11월 15일 초판 발행

지은이 | 손지영
교정교열 | 정난진
펴낸이 | 이찬규
펴낸곳 | 북코리아
등록번호 | 제03-01240호
주소 | 13209 경기도 성남시 중원구 사기막골로 45번길 14
우림2차 A동 1007호
전화 | 02-704-7840
팩스 | 02-704-7848
이메일 | sunhaksa@korea.com
홈페이지 | www.북코리아.kr
ISBN | 978-89-6324-577-5 (93300)

값 15,000원

The Role of the Local Government and Assembly

# 지방자치제와 지방의회의 역할

손지영 지음

북코리아

# 서문

이 책의 핵심 주제는 지역발전을 위한 지방의회의 역할과 한계다. 필자는 분단 이후 시작되어 굴곡의 정치역사를 거치는 동안 발전해온 지방자치제의 시행 의미와 함께 포천시의회의 의정활동내용을 분석하고 의회가 어떻게 해야 포천시 주민의 복리를 실현할 수 있을까에 대한 목표를 두고 고민해왔다. 지방의회는 한국 정치발전의 산물로서 현대 민주주의의 근간인 직접 · 간접 · 참여 · 숙의민주주의의 추구목적을 실천하고 있다. 주민이 직접 지방자치단체장과 의원을 선출하고, 그 대표들이 자치기관과 의회를 운영하여 주민 복리를 실현하며, 이 과정에서 주민의 동참이 보장되고 의제에 대해 충분한 숙의가 이뤄지는 것이 지방의회의 정상적인 모습이라고 할 수 있다.

한국의 지방자치제는 사실상 1949년 7월 4일 지방자치법이 공표되면서 시작되었다. 그러나 5.16 군사정변 이후 지방의회는 해산되었고, 1991년에 이르러 부활되었다. 1995년 6월 통합지방선거가 실시되었고, 이때 이후 지방자치제의 정착 및 발전단계를 맞이하고 있다. 지방자치제는 헌법 제8장 118조 및 175조에 근거를 두고 있으며, 상세한 내용은 총 10장 175조로 구성되어 있는 지방자치법과 11개의 관련법에 명시되어 있다. 지방자치제의 핵심 기관은 지방자치단체와 지방의회인데, 지방자치단체가 정책개발 및 예산의 편성운영을 책임지며 집행기관의 역할을 수행하는 데 반해 지방의회는 주민의 복리 달성을 위한 조례제정, 민주주의 실천과 정치발전 구현, 지방자치단체의 감시 및 견제, 주민의 정치적 역량 증진 및 소통 강화, 지역의 균형발전과 성장 촉진 추진 등 다양한 기능을 수행한다.

필자는 미국을 비롯한 7개국의 지방자치 사례를 분석하여 시사점을 도출했다. 미국의 자방자치제는 영국의 식민지 시대부터 권한의 위임형태로 시작되었다. 유럽 국가들의 지방자치단체 역사도 오래되었지만, 아직도 여러 가지 문제점이 부각되어 이를 해결하기 위해 노력하고 있다. 해외 지방자치단체 사례의 교훈은 지방자치제와 관련하여 국가의 역사와 정치 상황 반영, 주민의 복리 실현 중시, 법적 근거 마련과 보완, 최적의 규모 유지, 핵심 주체 간의 유기적 관계 형성 노력, 전문성 구축과 예산확보의 중요성 인식, 지방분권 추진 등이다.

포천시는 총 14개의 읍 · 면 · 동으로 구성되어 있는데, 수도권에 위치하여 광활한 지역과 자원을 포괄하고 있지만 도시기반이 열악하고 소규모 공장이 난립하여 환경오염 문제가 대두되고 있으며, 고속도로 및 철도가 없고, 도농복합지로서 집중적인 개발이 어려우며, 교육수준, 재정자립도, 접경지역이 군사지역인 점 등 제반 여건도 지역발전에 불리하다. 또한 포천시는 국토종합계획, 국가환경종합계획, 수도권정비계획, 관광개발기본계획, 접경지역발전종합계획, 경기비전 2030 등 상위계획에 묶여 있어서 자체적인 발전 대책을 수립하기가 어렵다. 포천시의회는 이러한 여건하에서도 활발한 의정활동을 전개해오고 있는데, 자유당 시절 38선 이남의 지역에서 불완전하게 의회를 운영한 이후 1991년 3월에 이르러 비로소 초대 포천군의회가 출범했고, 포천군의 2, 3, 4대와 포천시의회 1, 2, 3대를 거쳐 현재는 4대 포천시의회에 이르고 있다. 포천시의회는 여타 의회와 마찬가지로 조례처리, 예산안 및 예비비 승인, 행정사무감사, 청원, 시(군)정 질문, 건의 및 결의 등의 의정활동을 전개하고 있는데, 이 책에서는 포천군 및 포천시의회의 각 시기별 정치 환경 및 의정활동을 분석했다.

아울러 포천시의회가 관여한 4개의 사례를 분석함으로써 포천시의회의 의정활동 특징 및 유형과 한계를 분석했다. 대상사례는 구리-포천 고속도로 건설, 군 사격장 피해 보상, 광역 화장장 유치, 장자일반산업단지 건설 등인데, 지방자치단체와 주민, 중앙정부 그리고 포천시의회 등이 갈등하거나 협력한 상황이 발생했고, 지방자치제의 문제점 및 의정활동의 한계를 내포하고 있다. 아울러 사례분석과 함께 포천시 주민 및 공무원, 전직 의원 및 사무과 직원 등의 의견을 청취했고, 포천시의회 의정활동 여건과 역량에 대한 SWOT(Strength, Weakness, Opportunity, Threat) 분석을 실시하여 강 · 약점과 기회 및 위협요인을 식별했으며, 이를 근거로 S-O(Strength-Opportunity)전략과 W-T(Weakness-Threat)전략을 수립했다. 그 결과로서 필자는 포천시의회가 나아가야 할 방향으로 의원의 지역발전 역할 강화, 주민의 정치참여 증대, 수도권 발전 역량 활용, 정치신뢰 획득 주력, 정책 발굴 및 지역 내 추진동력 확보, 상위 지방자치단체와의 교류 강화 등을 제시했다.

먼저 이 책이 나오기까지 지도를 아끼지 않으신 통일대학원 박영택 원장님과 여러 교수님, 주변 지인들께 감사를 드린다.

그리고 항상 물심양면으로 지원을 아끼지 않은 사랑하는 가족에게도 고마움을 전하고 싶다.

2017년 9월

포천 선단동 연구실에서 손지영

# CONTENTS

CONTENTS

CONTENTS

# TABLE CONTENTS

TABLE CONTENTS

TABLE CONTENTS

# PICTURE CONTENTS

# I

# 지방자치제 개관

1. 한국의 지방자치제와 포천시 지방의회
2. 지방의회의 학문적 범위와 분석동향

# 1
# 한국의 지방자치제와 포천시 지방의회

우리나라의 지방자치제는 1949년 7월 그 법이 제정 · 공표되어 건국의 관점에서 보면 그 출발이 늦지는 않았으나, 시행 과정에서는 한국 정치사의 영향을 받아 제대로 뿌리를 내리는 데 어려움을 겪었다. 그 이유는 지방자치가 주민 복리를 위한 장치로서 민주주의의 정착이 전제가 되어야 하는데, 군사독재 및 군부정권 등의 과정을 거치면서 민주적 환경의 토대가 구축되지 못했기 때문이다. 또한 지방자치는 권력이양 혹은 분배의 속성을 가지고 있어서 권력이양이 어느 정도 보장되어야 활성화될 수 있으나, 한국 정치의 가장 두드러진 특성인 중앙정치형 정치체제와 이에 따른 권력 집중의 심화가 해소되지 못하고 계속 유지됨에 따라 지방자치제도가 아직까지도 온전한 모습을 갖추지 못하고 있다. 그러나 이러한 악조건에서도 한국의 지방자치제는 외국 지방자치제의 장점을 잘 흡수하여 그 틀을 갖추기 시작했으며, 1988년 4월의 지방자치법 공표 및 그 이후의 개정 과정을 거쳐 제도적으로는 미국 및 유럽 등 다른 국가의 지방자치제도와 비교해도 부족함이 없으며, 우리나라의 특성에 맞는 조직 및 운영체계를 구축했다고 평가된다.

이러한 제도적 정착 과정에서 우리의 지방자치제는 제대로 운영되고 있는가? 결론적으로 보면, 안타깝게도 우리의 지방자치제는 한국의 정치특성인 '지역 · 혈연 · 학연 우선 및 타협과 소통의 부재'라는 부정적 요소의 영향을 받아 지방자치제가 뿌리내리고 주민의 복리를 실현하는 측면에서는 발전단계에 있다고 평가된다. 현재적 의미의 민주주의는 직접 · 간접 · 참여 · 숙의 등 복합적 요소가 내포되어 있어서 앞에서 전제한 부정적 요소가 가미되어서는 그 진정한 의미를 달성하기 어렵다. 즉 직접선거를 통해 바르고 능력 있는 인재를 선출하고(직접민주주의), 그들이 국민을 대신하여 올바른 정치를 이끌어나가야 한다(간접민주주의). 그리고 다양한 방법으로 국민과 소통하고 그 의사를 반영해야 하며(참여민주주의), 중요한 사안에 대해서는 전문성을 가지고 심사숙고하는 것(숙의민주주의)이 전제되어야 한다.[1)]

포천시의 지방자치제와 핵심 분석 대상인 포천시의회는 정상적으로 작동하고 있는가? 포천시는 도시특성상 도시와 농촌이 접목된 도농복합지이면서 휴전선과 맞닿아 있는 접경지역이고, 광활한 지역을 가지고 있지만 산업과 교육 측면에서는 다른 지역에 비해 발전이 더딘 낙후지역이며, 동시에 수도권 지역에 속해 있어서 국가 차원의 규제를 받고 있고, 중앙정치에 민감한 지역이다. 특히 38선 이북지역은 한국전쟁 이전까지는 북한지역으로서 지방자치제의 태동기에 동참하지 못했다. 포천시는 2003년에 들어와 총 14개 읍 · 면 · 동으로 구성된 시(市)로 승격되었는데, 지방자치 발전 측면에서는 다른 지역에 비해 출발이 늦었고, 군사접

1) 강용기, 『현대지방자치론』(서울: 대영문화사, 2014), pp. 52-73.

경지역에 위치한 지리적 여건, 경제적 낙후성 등에 의해 상대적으로 불리한 과정을 거쳤다고 평가된다.

포천시의회의 의정활동과 관련하여 제반 여건을 좀 더 세부적으로 살펴보면, 포천시는 수도권과 연계한 광활한 지역과 무한한 발전 자원을 보유하고는 있으나, 보수적이고 정치변화에 비교적 소극적인 지역민의 정서가 관찰되고, 고속도로 및 철도가 없고, 소규모 공장이 난립하며, 공장 및 축산 오염 등 환경오염이 문제가 되고 있으며, 군사도시의 이미지가 여전하여 외부투자도 부진하고 지역발전의 동력이 떨어진다. 이러한 관점에서 보면 지방자치단체의 혁신적인 노력과 함께 지방의회의 핵심적인 역할이 절실한 것이 사실이다.

작금의 정치 환경은 모든 정치인에게 20대 총선에서 시사된 바와 같이 국민의 평가에 의해 여야가 순식간에 바뀔 수 있으며, 민주주의의 핵심 가치인 국민의 복리에 우선한 정치, 독선이 아닌 소통과 협력을 실천해야 함을 시사하고 있다. 지금 우리 국민은 정치적 선택이 그대로 우리의 복리 수준에 반영되고 있음을 실감하고 있다. 대외적인 여건에서 보면 국제적 상황은 모든 국가의 서열화를 강요하고 있으며, 그 서열에 따라 해당 국민의 행불행이 좌우되고 있다. 모든 국가가 제반 영역에서 경계가 없는 무한경쟁의 환경에 노출되어 있다. 더불어 우리는 핵무기 개발에 집착하는 북한의 위협에 직면해 있어 주민의 불안이 증대되고 있고, 대내적인 정치 환경도 국민의 수준과 정치의식이 향상되는 시점에 있으며, SNS의 획기적인 진화로 경쟁력이 없거나 국민의 눈높이에 모자란 정치인은 살아남기 어려운 실정이다.

필자는 이와 같은 상황 인식에 근거하여 지방자치제의 발전이 국민의 행복에 매우 밀접하다는 판단하에 지방자치제 전반의 상황과 포천시의회의 현재를 제대로 진단하고자 '지방자치제의 발전과 포천시의회의 지역발전 역할'을 핵심주제로 설정했다. 또 다른 이유는 필자가 직접 포천시의회 의원으로서 활동했으며, 체감한 문제를 학술적으로 규명하여 교훈을 얻고, 포천시의 발전에 기여하기 위함이다. 필자가 설정한 분석 목표는 다음과 같다.

① 지방자치제의 발전 과정과 제도적 수준 평가
② 민주주의 이론의 지방자치제 적용과 해외사례 교훈의 적용
③ 포천시의회의 발전단계와 의정활동 성과 분석
④ 포천시의회 의정활동의 심층 분석을 위한 사례 분석과 한계 도출
⑤ 포천시의회의 모범적 발전을 위한 방향성 도출 목적의 SWOT 분석 실시

# 2
# 지방의회의 학문적 범위와 분석 동향

지방의회의 지역발전 역할과 한계는 ① 민주주의 이론 분야, ② 한국의 지방자치제와 지방의회 법체계 및 역할 분야, ③ 해외 지방자치 및 지방의회 사례분야, 그리고 ④ 포천시 지방자치단체와 포천시의회 분야라는 4개 분야를 포괄한다.

먼저 민주주의 이론은 지방자치의 운영 과정이나 발전 과정을 판단할 수 있는 중요한 척도다. 이 책에서는 현대 민주주의 이론에서 가장 비중 있게 활용되고 있는 직접민주주의, 간접민주주의, 참여민주주의, 그리고 숙의민주주의를 적용했는데, 이러한 이론들이 우리의 민주주의 발전과 문제점을 충분히 설명하고 있다고 판단했다. 특히 지방자치제는 민주주의가 한층 성숙되고 국민이 중심으로 이동하는 상황에서 위의 민주주의의 가치와 본질을 충분히 포괄했을 때 발전 가능성이 있다는 것을 인지했다.

민주주의 이론을 개괄해보면, 민주주의는 법적 평등(legal equality)과 정치적 자유(political freedom)로 성격지어지는데, 모든 국민이 법 앞에 평등하고, 그 과정에서 차별이 없어야 함을 의미한다.[2] 민주주의의 기원은 기원전 6세기경인 고대 그리스 아테네 시대로 거슬러 올라간다. 당시 6만여 명의 전체 시민 가운데 최대 4만 명이 정치에 참여하는데, 이들 가운데 소수의 대표가 중요한 결정을 함으로써 직접민주주의와 간접민주주의가 시현되었다. 스파르타에는 '아펠라(Apella)'라는 시민대표기구가 있었고, 로마에 이르러서는 소수의 부자들이 참여하는 의원제가 운영되기도 했다.[3] 중세에는 대표기구 구성원을 선출하는 제도를 운영하는 나라가 증대되었는데, 노르웨이, 로마, 폴란드 및 리투아니아, 스위스 등 많은 유럽 국가들이 부분적인 민주주의를 채택했다.[4] 근대에 들어서면서 유럽의 민주주의가 미국으로 확산되었고 1707년 영국에서 첫 의회(the Parliament of Great Britain)가 출범하면서 1718년 스웨덴, 1791년 미국의 권리장전(the Bill of Rights) 등이 나타나면서 현대적 모습을 갖추기 시작했다.[5] 20세기에는 여권(女權) 신장과 더불어 민주주의가 더욱 활성화되기 시작했는데, 제2차 세계대전은 유럽과 미국 등 제국주의 체제의 쇠퇴를 초래했다. 이를 계기로 식민지로부터 해방된 신생국가들을 중심으로 민주주의 체제가 확

---

2) Staff Writer, "Liberty and justice for some," The Economist, 22 August, 2007; Guillermo O'Donell, "Why the rule of law matters" *Assessing the Quality of Democracy*, 2005. 7; Robert A. Dahl, *The Democracy Saurcebook*, Cambridge, MIT Press, 2003.

3) Thomas R. Martin, etc., *The Making lf the West, Peoples and Cultures, A Concise History, Volume I: To* 1740 (New York: Bedford/St. Martin's, 2007); Susan Lape, *Reproducing Athens: Menander's Comedy: Democratic Culture, and the Hellenistic City*, Princeton University Press, 2009, p. 4.

4) "Constitution 1000 years ago," The Hindu, Chennai, India, 2008-7-11; "Magna Carta: an introduction," The British Library; "Citizen or subject?", *The National Archive*; "Origin and growth of Parliament," *The National Archives*.

5) "Constitutionalism: America & Beyond," Bureau of International Information Programs, U. S. Department of State; Alexis de Tocqueville, *Democracy in America* (New York: Barnes & Noble, 2003); Allen Weinstein etc., *The Story of America: Freedom and Crisis from Settlement to Superpower* (New York: DK Publishment Inc., 2002).

산되었다. 냉전과 탈냉전의 과정은 민주주의의 급격한 변화를 초래한 중요한 사건이었으며, 연이어 EU의 등장과 함께 민주주의의 발전이 거듭되었다. 현재는 전 세계 192개국 중 120개국이 기본적인 민주주의 제도를 채택하고 있으며, 세계 인구의 58.2%가 이 제도의 수혜를 받고 있다. 또한 위 국가 중에서 85개 국가가 자유민주주의를 실천하고 있으며, 세계 인구의 38%가 이러한 제도에 동참하고 있다.[6]

한편, 필자가 구분한 4개의 민주주의 제도는 우리나라의 정치적 제도와 지방자치제 전반에 적용되고 있는 핵심 이론으로서 활발한 연구와 논의가 진행되고 있는 분야다. 지방자치제는 지방행정기관이 직접 해당 지역의 자치를 담당하는 제도로, 주민이 직접 의원을 선출하고, 그 지방자치단체장과 의원들이 국민의 민의를 수렴하여 주민의 복리를 실현하는 제도로서 국민의 참여와 숙의를 전제로 하고 있다. 그러나 지방자치제가 이러한 요구를 정상적으로 충족시키기 위해서는 정치인들의 올바른 자세, 제도적 보완, 국민의 정치 수준 향상, 재원의 확대, 그리고 가장 중요한 요소인 중앙정부의 권력 배분이 선행되어야 할 것이다. 위의 연구에 접근할 수 있는 결과물은 데이비드 헬드(David Held), 고인석, 김비환, 김정희, 문태현, 이동수, 주성수, 홍영환, 임성학, 정규호, 로널드 터첵(Ronald L. Terchek), 로버트 쿠터(Robert Cooter), 힐드레스(R. W. Hildreth), 제프리 힐머(Jeffrey Hilmer)[7] 등을 참고했다.

---

6) "Age of Dictators: Totalitarianism in the inter-war period," *The Wayback Machine*, September 7, 2006; Julian Go, "A Globalizing Constitutionalism?, Views form the Post-colony, 1945-2000" in Arjomand Said Amir, *Constitutional and Political Reconstruction*, Brill, pp. 92-94; "Table and Charts," Freedomhouse.org, 2004-5-10.

7) David Held, 박찬표 역, 『민주주의 모델들』(서울: 후마니타스, 2010); 고인석, "인터넷 정치참여와 대의 민주주의 위기극복을 위한 대안모색", 「홍익법학」, 11(3), 2010; 김비환, "참여민주주의의 정의와 이론", 「의정연구」, 제10권 제1호; 김정희, "주민참여조례를 통해 본 주민참여

둘째, 한국의 지방자치제 및 지방의회 분야와 관련하여 먼저 지방자치제의 근간을 이루는 법체계에 주목했다. 법체계는 우리의 정치발전을 제도로 보완한 것으로, 민의를 충분히 수렴한 국가적 노력에 기반을 둔 것이다. 지방자치법과 관련된 법령은 헌법 외에도 아래와 같이 총 10개에 달한다.[8)]

① 지방자치법
② 행정구역 조정업무 처리에 관한 규칙
③ 지방자치단체에 대한 행정감사 규정
④ 지방분권 및 지방행정체제 개편에 관한 특별법
⑤ 지방자치단체의 행정기구와 정원기준 등에 관한 규정
⑥ 지방자치단체에 두는 국가공무원의 정원에 관한 법률
⑦ 지방자치단체에 두는 고위공무원단 직위의 직무등급표시에 관한 규칙
⑧ 주민투표법

---

와 거버넌스의 특징 연구",「지방정부연구」, 8(1), 2014; 문태현, "심의민주주의적 정책결정을 위한 제도적 방향",「한국행정논집」, 제23권 제1호(2011년 봄); 이동수, "대의제 민주주의의 위기",「시민사회와 NGO」, 2005, 제3권 제1호; 주성수, "직접, 대의, 심의민주주의제도의 통합: 주민투표와 주민발안 사례를 중심으로",「시민사회와 NGO」, 2007, 제5권 제1호; 홍영환, "자유주의에서의 심의민주주의",「윤리교육연구」, 제13집; 임성학, "참여민주주의와 정당체제",「한국과 국제정치」, 25(1), 2009; 정규호, "심의민주주의적 의사결정 논리의 특성과 함의",「시민사회와 NGO」, 2005, 제3권 제1호; Ronald L. Terchek and Thomas C. Conte, *Theories of Democracy* (Lanham: Rowman & Littlefield Publishers, Inc., 2001); Robert D. Cooter and Michael D. Gilbert, "A Theory of Direct Democracy and the Single Subject Rule," *Columbia Law Review*, Vol. 110, No. 3, April 2010; R. W. Hildreth, "World and Deed: A Deweyan Integration of Deliberative and Participatory Democracy," *New Political Science*, Vol. 34, No. 3, September 2012; Jeffrey D. Hilmer, "The State of Participatory Democratic Theory," *New political Theory*, Vol. 32, No. 1, March 2010; Simon Calmer Andersen etc., "Deliberative Democratic Governance," *Administrative Theory & Praxis*, December 2014, Vol. 36, No. 4.

8) 행정자치부,『지방자치관계법령집』, 행정자치부, 2015. 5.

⑨ 서울특별시 행정특례에 관한 법률

⑩ 세종특별자치시 설치 등에 관한 특별법[9)]

우리의 지방자치제는 비록 1960~1980년대에 그 시행이 중단된 바 있으나, 민주주의의 발전과 더불어 정착단계에 이르고 있다. 이러한 발전은 정치인의 노력 및 국민의 정치의식 향상과 함께 전문가들의 활발한 연구가 병행되어 가능했다. 필자는 기존 연구에 대한 제반 자료를 분석했으며, 참고한 자료는 주로 이청수 · 금창호 · 김귀영 · 김상구 · 김상만 · 김상미 · 김상태 · 남기헌 · 문병효 · 박영강 · 백형배 · 신기현 · 안효섭 · 오영군 · 윤수찬 · 이종훈 · 이혜정 · 정희옥 · 조소영 · 차현순 · 최홍석 등의 연구물이며, 이외에도 다양한 연구 문건을 참고했다.[10)]

---

9) 강용기, pp. 135-143.

10) 이청수, 『지방의회론』(서울: 백산출판사, 2014); 금창호 외, "지방의회와 시민단체 간 발전적 관계 정립 방안", 「한국지방행정연구원」, 2006. 12; 김귀영, "지방의회 연구경향과 향후 연구의제에 관한 고찰", 「한국행정학회보」, 제45권 제2호(2011년 여름); 김상구 외, "지방의회 의정활동 20년의 성과평가와 발전 방향: 부산광역시의회 중심으로", 「한국지방정부학회 학술발표논문집」, 2013권 1호, 2013; 김상만 외, "지방자치단체의 조례에 의한 규제의 문제점과 그 개선방안에 관한 연구", 「법과 정책」, 21(2), 2015, 8; 김상미, "지방의회 역할 정립을 위한 실증적 연구: Enabling 정부를 중심으로", 「정부학연구」, 12권 2호, 2006; 김상태, "지방분권의 헌법적 보장", 「법학연구」 29, 2013. 3; 남기헌, "지방자치 20년, 지방의회 발전 방향: 충청북도의회 사례를 중심으로", 「한국행정학회 하계 학술발표논문집」, 2014; 문병효, "지방의회의 자치입법제도 운영현황 및 문제점", 「강원법학」, 2013. 2; 박영강, "지방의회의 활성화를 위한 제도적 개선방안: 지방자치 재개 20주년에 즈음하여", 「한국지방정부학회」, 2010; 백형배 외, "지방의회와 집행기관 간 갈등과 협력요인에 관한 사례분석", 「지방행정연구」, 20(4), 2006. 3. 12; 신기현, "한국 지방의회의 성과관리 방향에 관한 연구", 「한국동북아논총」, 제65호, 2012; 안효섭, "조례제정의 법체계적 허용범위", 「법과 정책」, 20(2). 2014, 8; 오영군, "지방의회 지원기구 직무역량 및 직무만족 제고를 위한 전략적 인적자원관리 요인에 관한 연구", 「한국지방정부학회 학술발표 논문집」, 2013, 1호; 윤수찬, "지방의회 기능이 지역주민의 정치적 효능감에 미치는 영향 요인에 관한 탐색적 연구: 소셜미디어 활용을 중심으로", 「한국정책학회 춘계 학술발표논문집」, 2014, 0호; 이종훈, "지방자치와 정당 공천제: 기초의회의원을 중심으로", 「동아법학」, (58), 2013. 2; 이혜정, "정당과 지방자치의 관계: 지방자치에 대한 정당참여의 범위와 한계를 중심으로", 「동아법학」, (58), 2013. 2; 정회옥 외, "정당 공천제와 지방정치개혁", 「한국정당학회보」, 12(2), 2013. 7; 조소영, "지방자치단체장의 정당 공천 여부에 관한 헌법적 검토", 「공법학연구」,

셋째, 해외 지방자치 및 지방의회 사례 분야는 우리나라 지방자치의 현주소를 판단할 수 있고, 아직 미흡한 분야에 대한 방향성을 제시한다는 측면에서 중요하다. 이 책에서는 미국, 영국, 스웨덴, 캐나다, 호주, 일본 그리고 독일을 분석 대상으로 삼았으며, 장기간의 지방자치 경험과 그 이후에 발견되고 있는 문제점 등에 주목했다. 해외사례를 개괄해보면, 각국의 지방자치제는 그 나라의 정치적 특성과 국민의 요구에 맞추어 발전하고 있는데, 우리와 마찬가지로 주민의 복리를 최상의 가치로 여기고 있으며, 법과 제도의 보완을 통해 그 실행력을 강화하고 있다. 또한 국가 및 지방 예산에 맞는 적정규모의 지방의회 규모를 운영하고 있으며, 운영이 더욱 활성화될 수 있도록 여러 가지 노력을 기울이고 있다. 해외사례를 분석한 결과 우리의 지방자치가 비록 출발은 늦지만 나름대로 잘 발전하고 있으며, 민주주의 발전 수준에 따라 주민 복리를 실현하는 정도도 무난하다고 평가되었다. 해외사례연구는 개개 연구자별로 국가를 선별하여 진행되고 있는 수준이나 연구자료로서의 수준 및 양적인 규모에서 충분한 것으로 판단되었다. 이 책에서는 피터 존, 하이넬트, 스티븐슨, 모스, 사라 만, 김성태, 김욱, 김찬동, 류금렬, 유은정, 이진원, 하세헌 등의 자료를 주로 활용[11]했으며, 이외에도 다양한 연구자료를 참고했다.

---

15(2), 2014. 5; 차현순 외, "지방의회 조례 입법평가 도입을 위한 표준조례안 연구", 「한국법제연구원」, 13(24), 2013. 10; 최홍석, "지방정부의 책무성과 지방의회", 「지방행정연구」, 17(3), 2003. 12.

11) Peter John, *Local Governance in Western Europe* (London: SAGE Publications, 2001); Herbert Heinelt and Xivier Bertrana (ed.), *The Second Tier of Local Government in Europe* (Oxford: Routledge, 2014); Sandra M. Stevenson, *Local Government* (NJ: LexisNexis, 2009); Giles Moss etc., "Knowing your publics: The use of social media analytics in local government," *Information Polity*, 20 (2015); Sarah Mann, Rebecca M. Briant and Maurizio Gibin, "Special determinants of local government action on climate change: an analysis of local authorities in England," *Local Environment*, 2014, Vol. 19, No. 8; 김성태, "국회 경찰권에 대한 고찰: 의회 경찰권에 대한 독일에서의 논의를 기초로", 「홍익법학」, 14(4), 2013; 김욱, "영국 의회-지방의회 간 관계의 발전과 시사점", 「세계지역연구논총」, 25(3); 김찬동, "지방의회 역량강화를 위한 사례: 일본과 미국을 중심으로", 대한지방행정공제회, 「지방행정」, 62권 717호, 2013; 류금

마지막으로 포천시 지방자치단체와 포천시의회 분야는 여타 지역의 지방자치 사례 및 포천시의 각종 의안에 대한 현장문제를 주로 진단했다. 포천시는 2003년 시(市)로 승격한 이후에도 아직까지 도농복합지로서의 열악한 발전 상태를 보이고 있는 반면에 의회는 서울시의 1.4배에 해당하는 광활한 지역을 포괄하여 의원의 활동 범위가 지나치게 넓고, 동시에 시 전체 면적의 약 30%에 해당하는 군사보호구역인 지역문제를 다뤄야 하는 부담을 안고 있다. 또한 포천시는 각종 국가적 사업 혹은 규제에 묶여 있어서 발전에 제한을 받고 있으며, 지방자치단체가 제안할 수 있는 사업구상에도 한계가 있다. 포천시의회는 포천군의회로부터 시작되어 현재는 4대 포천시의회를 운영하고 있다. 포천시의회의 의정활동은 조례처리를 포함하여 다양한 분야에서 추진되고 있는데, 의회의 지방자치단체 견제 및 감시, 주민과의 소통, 정부 및 경기도 등 상위기관과의 사무 조율 등 제반 분야에서 문제점이 자주 발견되고 있다. 이 책에서는 아울러 구리-포천고속도로 건설, 군 사격장 문제, 광역 화장장 설치, 장자일반산업단지 건설 등 4개 사안에 대해 사례분석을 실시함으로써 포천시의회의 역량과 한계를 중점적으로 분석했다. 이와 관련하여 정부 및 지방자치단체의 문건을 검토했으며,[12] 일반 연구논문으로서는 곽동철 ·

렬, "영국의 Council Tax", 「자치행정연구」, 5(2), 2013. 12; 유은정, "미국의 연방주의와 지방자치제도: 우리나라 지방자치 및 지방분권이행 과정에서의 시사점", 「공법학연구」, 11(3), 2010. 8; 이진원, "일본의 지방분권과 거버넌스: 지방분권개혁의 사례 중심으로", 「세계지역연구논총」, 25(3), 2006; 하세헌, "일본 지방의회 개혁과 입법 활동", 「일본연구논총」, 제42호, 2015.

12) 포천시(군), 『의정백서: 1-12집』, 포천시(군), 1992. 4-2015. 12; 포천시, 『2030 포천시 중장기 발전계획』, 2011. 5; 포천시 시설관리공단, 『2015년도 행정사무감사 수감자료』, 2015. 12; 포천시, 『군부대사격장 주변지역 피해조사 및 대책마련 연구』, 2009. 12; 포천시, 『2010-2016 시정주요업무』, 2010. 2-2016. 3; 포천시, 『2016-2020년 중기지방재정계획안』, 2015. 12; 대한민국 정부, 『제4차 국토종합계획 수정계획(2011-2020)』, 2011년 1월 7일; 관계부처 합동, 『제4차 국가환경종합계획(2016-2035)』, 2015. 12; 건설교통부, 『제3차 수도권정비계획(2006-2020)』, 2006. 7. 25; 문화체육관광부, 『제3차 관광개발기본계획(2012-2020)』, 2011. 12; 안전행정부, 『접경지역발전종합계획

금창호 · 김성훈 · 김선엽 · 김영하 · 김지윤 · 김필두 · 류춘호 · 박완규 · 박윤희 · 박지영 · 송제룡 · 엄지홍 · 윤수찬 · 이상명 · 이희복 · 장갑호 · 조규화 · 최봉기 등을 참고했다.[13)]

(2011-2030)』, 2011. 7; 경기연구원, 『경기비전 2040』, 2015. 12.

13) 곽동철 외, “지방의회 자료수집 및 협력체계의 활성화 방안 연구”, 「한국비블리아학회지」, 24(2), 2013. 6; 금창호 외, “지방의회와 시민단체 간 발전적 관계정립 방안”, 「한국지방행정연구원」, 2006. 12; 김성훈 외, “지방자치단체 자체 복지사업 예산 영향요인 분석”, 「한국정책학회 · 한국지방정부학회 공동 추계학술대회」, 2015; 김선엽, “지방의회의 의정활동에 대한 효율성 비교분석: 광역지방의회를 중심으로”, 「사회과학연구」, 29(1), 2013. 2; 김영하, “지방의회 상임위원회의 전문성이 의정활동에 미친 영향 분석(Ⅱ): 민선 4기 대구광역시의회와 경상북도의회를 중심으로”, 「대한정치학회보」, 19(1), 2011; 김지윤 외, “기초자치단체에서 사회복지비 지출의 정치적 요인에 관한 연구”, 「의정연구」, 19(1), 2007; 김필두, “주민자치회 시범실시에 대한 성과 분석”, 「자치행정연구」, 28(3), 2014. 9; 김현조 외, “기초단체 정당 공천제 폐지에 다른 보완 과제: 기초의회의 여성참여를 중심으로”, 「자치정부연구」, 17(4), 2014; 류춘호, “지방의회의 정책의회 기능강화와 정책수단: 5분 자유발언을 중심으로”, 한국지방정부학회, 「한국지방정부학회 학술발표 논문집」, 2015 3호, 2015; 박완규, “지방자치 성숙을 위한 지방자치단체 재정건전성 확보 방안에 대한 소고”, 「지방행정 연구」, 28(2), 2014. 6; 박윤희, “지방의회의 조례 분석을 통한 입법내용에 관한 연구: 서울시의회 소관 조례를 중심으로”, 「사회과학논집」, 42(1), 2011; 박지영 외, “선거구제와 여성대표성: 기초의회 여성의원을 중심으로”, 「한국정책학회 동계학술대회」, 2015; 송제룡 외, “포천 · 안산 주요 관광지 교통 혼잡 개선 연구(1): 포천 편”, 「정책연구」, 2013. 12; 엄지홍, “유권자의 의회 대의활동 평가에 대한 재고: 제6대 경기도 의회를 중심으로”, 「한국정치연구」, 16(1), 2007; 윤수찬, “지방의회 기능이 지역주민의 정치적 효능감에 미치는 영향 요인에 관한 탐색적 연구: 소셜미디어 활용을 중심으로”, 한국정책학회, 「한국정책학회 춘계학술발표논문집」, 2014, 0호; 이상명, “기초자치 선거에서의 정당 공천에 관한 고찰: 위헌 여부의 문제를 중심으로”, 「한양법학」, 43, 2013. 8; 이희복 외, “지방의회 홍보활동과 미디어 보도 분석: 경기도의회를 중심으로”, 「세계지역연구논총」, 24(3); 장갑호 외, “기초지방의회 만족도에 대한 영향요인”, 「국가정책연구」, 24(2), 2010. 4; 조규화, “기초지방의회의 의정활동이 지역민 만족도에 미치는 영향요인에 관한 연구”, 「한국균형발전연구」, 5(3), 2014. 12; 최봉기 외, “지방의회 사무기구의 관리 실태와 인사권 독립방안에 관한 연구”, 「한국행정논집」, 20(1) 2008.

# II

# 민주주의 이론과 지방자치제

1. 민주주의 이론
2. 한국의 지방자치제의 민주적 발전 과정
3. 한국의 지방자치제와 지방의회

# 1
# 민주주의 이론

이 장에서는 지방의회의 역할과 기능을 중심 주제로 다루고 있다. 따라서 지방의회에 영향을 미치는 제 요소를 설명할 수 있는 민주주의 이론의 적용을 고려했으며, 〈표 2-1〉과 같이 직접민주주의(Direct Democracy), 대의민주주의(Indirect Democracy), 참여민주주의(Participatory Democracy) 그리고 숙의민주주의(Deliberative Democracy)를 적용하고자 했다. 상기 이론들은 상호 절충적이고 보완적이며, 실제 상황에서 일정 부분의 문제점과 대안을 설명해주는 역할을 할 수 있다.[1)]

먼저 직접민주주의는 민주주의의 근간으로서 국민 또는 시민이 선거를 통해 의사를 결집하고 정치적 권력을 직접 행사하는 제도다. 직접민주주의는 선진국의 대의민주주의와 대칭되는 제도로서 국민이 대표의 선출과 의사결정을 직접 하는 제도다. 따라서 이 제도에 따라 선거에 의해 선출된 대표가 수행하는 의사결정, 예산집행, 입법활동 등의 심판, 해

---

1) 강용기, pp. 101-102; David Dyzenhaus, "Critical notice of an on the people's term: a Republican theory and model of democracy," *Canadian Journal of Philosophy*, Vol. 43, No. 4, 2013, pp. 494-513.

고, 관료 선출 등의 행위를 국민이 직접 담당하게 된다. 직접민주주의에서 중요한 권한은 국민투표, 국민발의 그리고 국민소환이다. 국민발의는 국민이 직접 중요한 정책, 법, 의제를 발의하는 것으로 정부를 움직이는 헌법체계의 개정도 가능하다. 소환은 관료를 탄핵하거나 해임하는 조치를 포함한다. 이에 따라 강력한 중앙정부 혹은 집권자에게는 직접민주주의의 견제가 때로는 강력하기도 하고 무력한 경우도 발생한다.[2] 또한 국민투표를 통해 국가적 법안 혹은 정책을 결정할 수 있는 장점도 있다.[3]

직접민주주의의 역사는 기원전 5세기의 아테네 정치에서 유래했으나 여성과 외국인, 노예가 제외된 불완전한 직접민주주의였다. 3만 명의 시민 중 500명의 아테네 시민으로 구성된 의회가 법제정과 중요한 의제

〈표 2-1〉 현대 민주주의 이론 비교

| 구분 | 직접민주주의 (Direct Demo.) | 대의 · 간접민주주의 (Indirect Demo.) | 참여민주주의 (Participatory Demo.) | 숙의민주주의 (Deliberative Demo.) |
|---|---|---|---|---|
| 핵심 개념 | - 국민의 직접 참여<br>- 대의제의 한 과정 | - 대표자 선출, 의회나 정부 구성 | - 국민의 정치참여<br>- 자유와 권리 확보 | - 의사결정 숙의<br>- 실제적 심의 |
| 특징 | - 국가적 법안 · 정책 결정(투표) | - 다수국가 채택<br>- 현대적 정치 전형 | - 국민의 의사 반영<br>- 단체의 활동 강화 | - 대의 · 직접과 양립<br>- 일반 여론 도출 |
| 장점 | - 국민투표, 발의, 소환 등 가능 | - 효율적 의사결정<br>- 정당의사 반영 | - 전자 민주주의 활용<br>- 직접민주제 보완 | - 결정의 적법성 보장<br>- 시민의 참여 |
| 단점 | - 현실적 어려움 | - 대표 제재 제한<br>- 헌법과 충돌 빈번<br>- 다수당이 유리 | - 참여 활성화 문제<br>- 과다한 정보나 요구 | - 미합의 시 다수당이 유리<br>- 일정 역할로 제한 |

2) Robert D. Cooter, and Michael D. Gilbert, "A Theory of Direct Democracy and the Single Subject Rule," *Columbia Law Review,* Vol. 110, No. 3, April 2010, pp. 687-712.

3) David Held, pp. 191-242.

를 결정하는 역할을 했다. 로마에서도 직접민주주의가 대의민주주의와 병행되었는데, 시민의 베토(Veto)권이 행사된 것이 특이하며 이후 로마제정에 대해 다양한 법이 만들어졌다. 근대에 들어와서는 13세기 스위스의 도시들에서 이 제도가 시행되었으며, 1847년 스위스에서 국가 헌법을 국민투표로 정했는데, 약 120년 동안 240여 회 이상의 국민투표가 이뤄졌다. 현대의 민주국가에서는 존 로크, 토마스 페인, 제임스 메디슨, 존 스튜어트 밀, 존 롤스 등 자유주의 학자들이 주창한 자유주의 사조를 기반으로[4] 강력한 통치자를 견제하고자 하는 권력 분립의 정신이 도입되었으며, 그 중심인 의회가 국민의 권리를 대신하여 입법 등 제반활동을 이끌어갈 수 있는 직접 · 간접 병행의 민주주의가 보편화되고 있다. 직접민주주의는 인터넷 발달을 계기로 그동안 효율성 때문에 억제되었던 국민투표, 발의, 소환제도의 간접적 시행, 즉 전자투표제(EDD: Electronic Direct

〈표 2-2〉 민주주의 이론과 지방의회 요소의 상관성

| 구분 | 연관 내용 | 비고 |
| --- | --- | --- |
| 직접민주주의 | - 지방의원의 선출 및 주민소환<br>- 여론조사를 통한 선거의 영향<br>- 직접선거의 필요성과 비효율 | 선출 문제<br>여론 반영 |
| 대의민주주의 | - 지방의회의 구성과 활동의 근간 문제<br>- 민의의 수렴 및 정당한 절차 여부<br>- 정당의 영향력 행사 등 폐해 | 기능/역할,<br>정당활동 |
| 참여민주주의 | - 시민의 다양한 참여 정도 평가<br>- 참여에 따른 긍 · 부정적 영향<br>- 참여정치의 필요성 | 시민 참여,<br>균형성 |
| 숙의민주주의 | - 숙의의 필요성과 영향력<br>- 원활한 정책의 수립과 집행 여부<br>- 의견 수렴 확대, 직접/대의와의 조화 | 정책활동,<br>전문성 |

4) Ronald L. Terchek and Thomas C. Conte, pp. 3-50.

Democracy)라는 이름으로 개선이 필요한 상황이다.

직접민주주의 이론은 지방의회의 어떤 요소와 관련이 있는가? 직접민주주의는 〈표 2-2〉에서와 같이 지방의원이 선출되는 과정을 설명하고 선출에 영향을 미치는 각종 요인을 분석하는 데 유용하다. 현재의 민주주의 체제에서는 직접민주주의의 비중이 감소되는 측면이 있으나, 앞서 언급한 바와 같이 인터넷의 발달은 국민의 알권리를 충족시키기도 하고 여론조사와 같이 폭넓은 의견수렴을 가능케 하여 여론을 시시각각 반영함으로써 또 다른 형태의 직접민주주의를 창출하는 한편 대의민주주의의 단점을 보완하고 있다. 이러한 경향은 지방의원의 선출 과정에서도 동일하게 적용되고 있다. 둘째, 대의민주주의는 직접민주주의와 대비되는 개념으로서 국민이 선출한 대표를 통해 제반 정치활동을 하는 제도를 의미한다. 현대의 민주주의 국가는 대부분 대의민주주의를 근간으로 하고 있으며 다수의 국민을 모체로 한 국가에서는 대표적 제도로 채택하고 있다. 대의민주주의의 핵심 쟁점은 '다수를 대신하여 대표하는 소수가 충분히 국민을 대변할 수 있는가?'다. 이러한 논쟁은 18세기 유럽정치에서 대표가 입법은 물론 통치 행위를 겸할 때 야기되었다. 대의민주주의에서의 대표는 주로 국가법의 제정을 담당하며, 동시에 총리 등 행정대표 혹은 분야별 대표를 선출하는 역할을 한다. 아울러 헌법은 헌법재판소 등을 통해 대표들의 과도한 권한을 억제하거나 권력의 균형을 유지하는 기능을 담당한다.

대의민주주의의 역사적 기원은 로마의회이며, 현대 대의정치의 연속성을 유지하고 발달을 촉진시킨 모델이기도 하다. 특히 대의민주주의는 산업혁명 이후 규모가 커진 시민단체나 노동자 그룹의 정치적 욕구를 발달시킬 수 있는 중심적 기제로 자리 잡은 바 있다. 그러나 대의민주주의는 아직 그 제도의 안정적 구축에 필요한 요구사항을 담고 있는 바, 최하층에서 상층부에 이르는 의사체제가 형성되고 이를 보장할 수 있는 안전장치가 필요하다. 이를 위해 지역단위의 커뮤니티가 형성되고, 그 독립성과 예산의 지원이 보장되어야 한다. 동시에 지방과 중앙의 연계성, 중앙과 지방의 계급 형성 탈피, 그리고 지방 커뮤니티 간의 정책 경쟁 등 건전한 발전을 위한 시스템 구축이 그것이다. 그렇다면 대의민주주의 이론이 지방의회에 시사하는 점은 무엇인가? 대의민주주의는 지방의회의 이론으로서 지방의회의 전반적 활동을 평가할 수 있는 중심적 분석기제라고 할 수 있다. 지방의회는 정당의 활동과 국민의 지지가 간접적으로 반영된 공간이며, 다양한 권한과 입장이 투영되고 있다. 앞서 대의민주주의의 발전조건에서와 같이 국민이 바라는 수준의 활동을 하기 위해서는 후진국 지방의회도 여러 부분에서 변화되고 발전되어야 한다.[5)]

셋째, 참여민주주의는 정치시스템의 방향과 활동 측면에서 국민의 폭넓은 참여를 전제한 이론이다. 이는 국민의 참여가 민주주의의 기본권에 해당하기 때문이다. 따라서 이러한 제도를 통해 국민의 의사 결정을 하는 데 있어서 중요한 역할을 할 수 있으며, 그 기회의 장에 쉽게 접할 수 있게 된다.[6)] 동시에 참여민주주의에서는 광범위한 정보와 다양한 참여 경로 안에서 그 정보를 효율적으로 활용하고 '참여'를 결집할 수 있는 기술적인 고려가 필요하다. 또한 참여 정도와 인적인 배분을 적절히 조절하는 것도 중요한 문제가 될 것이다.[7)] 참여민주주의는 정당의 정통성과 책임성을 유발하지만 정당의 조직이나 정체성을 훼손하기도 하며, 정

5) David Held, pp. 344-352.

6) Jeffery D. Hilmer, pp. 43-63.

7) Ronald L. Terchek and Thomas C. Conte, pp. 165-180.

치주체 간에 모순적인 제도를 도입하는 경우도 있고, 그 가치를 지키는 것도 쉽지 않으므로 우리의 정치발전과 국민의 정치의식 수준에 고려하여 발전 방향을 설정하는 것이 필요하다.[8)]

참여민주주의 또한 직접 · 대의민주주의와 같이 7, 8세기 고대 그리스 및 아테네에 기원을 두고 있으며, 남성을 중심으로 하는 시민 참여가 시작되었다. 중세에는 19세기 스위스에서 참여민주주의의 필요성이 제기되어 시행된 바 있다. 이러한 움직임은 근대에 들어와 그 구체적인 방안이 제한적으로 표출되었으며, 1980년대에는 학문적인 관심이 확대되기 시작했다. 이에 따라 전 세계적으로 시민운동이 확산되는 계기가 되었다. 그러나 참여민주주의는 아직 활성화되기에는 체계적인 참여시스템 구축이 미흡하며, 일관성이 없고 결집되지 않은 다양한 요구로 인해 때로는 정상적인 의사결정을 가로막는 측면도 있다. 참여민주주의는 지방의회의 활동에 있어서의 시민참여 문제, 균형적인 발전 모색 등 의회와 환경적 요소의 연계를 촉진시키는 긍정적인 역할을 담당한다. 특히 지방정부와 국회의 관심을 촉발할 수 있다는 측면에서 그 중요성이 크다고 하겠다.[9)]

마지막으로 숙의민주주의 또는 심의민주주의는 합의와 다수결을 수단으로 하는 숙의가 의사결정의 중심이 되는 이론이며, 절차를 의미하는 것만이 아닌 유용하고 가치 있는 실제적인 숙의라는 점에 그 특성이 있다. 숙의민주주의는 그 과정을 내실 있게 하고 국민의 요구와 여론을 반영하거나 필요 시 국회 혹은 지방자치단체장의 특성을 간접적으로 견제한다는 측면에서 대의민주주의 및 직접민주주의와 양립할 수 있다고 평

8) 임성학, pp. 61-88.

9) R. W. Hildreth, pp. 304-305.

가된다.[10]

숙의민주주의의 또 다른 특징은 합의에 도달하지 못할 경우 '표결' 이라는 대안을 가지고 있으며, 이를 전제로 의사결정이 중단되거나 불가능한 최악의 실행을 예방할 수 있다. 또한 숙의 과정에서 제각기 이해관계가 있는 집단이 참여할 수 있으며, 동시에 여론을 반영할 수 있다. 이러한 과정에서 여론조사와 참고가 가능하다. 숙의민주주의는 원활한 숙의와 양호한 결과가 도출될 수 있는 조건이 필요한 바, 피시킨(James Fishkin)은 정보, 실질적 균형, 다양성, 양심성, 동등한 고려를 주장했고, 코헨(Cohen)은 독립된 연합, 구조화, 약속, 적법성, 상대방의 일정 등을 강조하고 있다.[11]

숙의민주주의는 숙의 과정에서 갈등을 해결하고 다양한 계층의 의사가 반영될 수 있지만, 미합의 시의 문제 혹은 합의를 표결 과정에서 번복하는 행위가 가능하다는 단점이 있다. 결론적으로 숙의민주주의란 위의 3개 민주주의 이론과 같이 일정 부분의 역할을 담당하는 바,[12] 정책심의와 외곽조직과의 관계 등의 정도를 판단하는 데 유용하며, 시민의 의견수렴 과정과 지방의회 활동 전반의 과정에서 반영되는 제반 요소를 식별하고 설명하는 데 유익할 것이다.[13]

한편, 숙의민주주의의 한 형태로서 협력적 거버넌스가 있는데, 이러한 접근법은 사회적 이슈에 대해 정부 이외의 다른 행위자가 존재한다는 전제하에 다양한 관점이나 접근 방법의 필요성과 조정의 중요성, 동시에

---

10) Andre Bachtiger, etc., "Disentangling Diversity in Deliberative Democracy: Competing Theories, Their Blind Spots and Complementarities, *The Journal of Political Philosophy*, Vol. 18, No. 1, 2010, pp. 32-63.

11) R. W. Hildreth, pp. 302-304.

12) Simon Calmer Anderson, etc., pp. 510-529.

13) David Held, pp. 437-486.

여러 의제가 상호 의존적이라는 배경 때문에 등장했고, (숙의 과정에서) 다양한 계층 간의 참여와 이해, 그리고 이들 간의 상호작용과 네트워크 형성 등을 강조하는 것이 특징이며, 거버넌스의 유형 또한 행위자에 따라 결정된다.[14] 특히 로컬 거버넌스(local governance)는 지역에서 공동목표 달성을 위해 지역주민, 직능단체, 지방자치단체 및 상위 기관 등 행위주체들의 상호작용을 형성하는 네트워크로 정의되며, (바람직한 숙의를 이루기 위해) 행위자들의 리더십, 신뢰, 인식, 전문성, 추진의지, 지원문제, 전략, 협력, 규모, 영향력, 참여성 등을 주요 요소로 판단하며, 이들 요소의 원활한 작동 여부를 진단한다.[15]

---

14) 신상준 외, "협력적 거버넌스의 성공요인과 과정: 인천광역시 주민참여예산제도 조례개정사례를 중심으로", 「한국지방자치학회보」, 제27권 제2호, 2015. 6, pp. 81-82; 주재복 외, "지방자치단체의 협력적 거버넌스 재설계 방안", 한국지방행정연구원, 「연구보고서」, 제451권 0호(2011).

15) 유영수 외, "로컬 거버넌스가 지역경제 활성화에 미치는 영향에 관한 연구: 전통시장 활성화의 매개효과를 중심으로", 「한국거버넌스학회보」, 제22권 제2호(2015. 8), pp. 135-138.

# 2
# 우리나라 지방자치제의 민주적 발전 과정

우리나라의 정치발전 과정에서 앞의 4가지 이론은 어떻게 적용되었으며, 어떠한 영향을 미쳤는가? 〈표 2-3〉이 그 대략적 결과를 보여주고 있는데, 현실에 있어서는 각각의 민주주의가 중첩되고 보완의 성격을 띠고 있다. 첫째, 직접민주주의는 우리나라 정치발전 과정의 근간을 이루는 이론으로서 노태우 정부 이후 대통령선거를 통해 실천되었다. 1987년 이후에는 그간 해산되었던 지방의회뿐만 아니라 대통령도 직접선거를 통해 신출했으며, 9차 개정을 통해 지방의회가 폐지된 지 30년 만에 지방의회가 부활하고 직접민주주의를 통해 나름대로 발전을 거듭하고 있다. 둘째, 간접민주주의는 직접민주주의의 양대 축을 형성하여 최근에는 거의 모든 정부에서 대통령 선출 시 간접민주주의 방식을 택한 바 있다. 셋째, 참여민주주의는 김영삼 정부 이후 확대되었고, 정부나 정치인이 국민의 여론을 중시하는 정치체제로 변화되었다. 국민 또한 단순한 여론 조성에서부터 정책 입안 과정에도 개입하고 있어 참여민주주의 또한 직접 및 간접민주주의의 이론에 근접하게 활용되고 있다. 마지막으로 숙의

〈표 2-3〉 한국의 정치 형태와 민주주의 이론

| 구분 | 적용분야 |
|---|---|
| 직접민주주의 | - 대통령선거(13대 노태우 정부 이후 정착)<br>- 국회의원, 지방의원, 자치단체장, 기초단체장, 교육감, 교육위원 |
| 간접민주주의 | - 대통령선거(이승만 · 박정희 · 전두환 정부)<br>- 학교운영위원회 위원 → 교육감, 교육위원<br>- 지방의원과 지방자치단체장 등 → 의정활동, 지방자치제 운영 |
| 참여민주주의 | - 국민의 정치 참여 활성화(오픈 프라이머리 등)<br>- 시민단체 활동의 발전(매니페스토 등) |
| 숙의민주주의 | - 공청회 실시<br>- 주요 정책 토론회 및 여론 수렴<br>- 행위 주체들 간의 네트워크 상호작용 중요 |

민주주의는 국회 및 말단 지방의회에 이르기까지 의사결정구조에서 대표가 국민의 의사를 대신해서 수행하고 있다. 이승만 · 박정희 · 전두환 정부 시기에 주요 정책을 보완하고 실질적인 정책으로 발전시키는 과정에 적용되었다. 특히 정책과 주요 인사에 대한 업무 능력 및 도덕성을 검증하는 때도 활용되었다.

요약하면 우리나라의 민주주의는 직접 및 간접민주주의 제도를 토대로 발전하다가 1980년대 후반에 이르러 참여 및 숙의민주주의가 가미된 민주주의를 채택하면서 체계적으로 변화했다. 특히 지방자치제도는 중간에 약 30년간의 공백기간이 있었으나, 민주주의 체계가 구축되면서 지방자치를 실현할 수 있는 모습으로 성장하고 있다. 결론적으로 앞의 4가지 민주주의 이론은 〈표 2-4〉에서와 같이 국민의 권리와 의무를 정치권과 조화롭게 연결시키는 데 기여했으며, 앞으로의 민주주의 발전에도 중대한 영향을 미칠 것으로 평가된다.

〈표 2-4〉 대선 및 지방선거와 민주주의 이론 적용

| 구분<br>(연도) | 대통령 | 지방자치<br>단체장 | 지방의원 | 읍 · 면 ·<br>동장 | 비고 |
|---|---|---|---|---|---|
| 1952 | 간접 | 임명제 | 직접 | 간접 | 직접 · 간접민주주의 방식 적용 |
| 1956 | - | 간접 | 직접 | 직접 | 직접 · 간접민주주의 방식 적용 |
| 1960 | 직접 | 직접 | 직접 | 직접 | 직접민주주의 적용<br>부정부패, 비효율성 |
| 1961.<br>5. 16 | - | - | - | - | '군정포고'<br>전국의 지방의회 해산 |
| 1972~ | 간선 | 임명 | 해산 | 임명 | 간접민주주의 방식 선택, 독재<br>통일주체국민회의 결성(직접) |
| 1987.<br>10. 29 | 직접 | 임명 | 직접 | 임명 | 직접 · 대의민주주의 |
| 1991 | 직접 | 임명 | 직접 | 임명 | 직접 · 대의민주주의 |
| 1995 | 직접 | 직접 | 직접 | 임명 | 직접 · 대의민주주의, 정당 공천 |
| 2002 | 직접 | 직접 | 직접 | 임명 | 직접 · 대의 · 참여민주주의. 국회의원<br>권한 강화, 비례대표제도 도입 |
| 2006 | 직접 | 직접 | 직접 | 임명 | 직접 · 대의 · 참여 · 숙의민주주의 |
| 2010 | 직접 | 직접 | 직접 | 임명 | 직접 · 대의 · 참여 · 숙의민주주의 |
| 2014 | 직접 | 직접 | 직접 | 임명 | 직접 · 대의 · 참여 · 숙의민주주의 |

# 3
# 우리나라의 지방자치제와 지방의회

## 가. 지방자치제의 기능과 역할

### 1) 지방자치제의 개념과 발전 과정

지방자치제는 "일정한 지역범위를 관할구역으로 하는 행정기관(지방자치단체)이 국가(중앙정부)로부터 부여받은 권한범위 내에서 주민의 의사를 반영하여 그 사무를 처리하는 국가경영방식"이라고 정의할 수 있다. 지방자치제는 이러한 근거에 따라 '주민이 지역의 일을 스스로 주체적으로 처리'해나갈 수 있다. 지방자치의 중심 개념을 정리하면 다음과 같으며, 시 · 군 · 구 지방자치단체의 주요 기능 및 역할은 〈표 2-5〉와 같다.

① 지방자치 공간: 국가의 일부 지역으로서 국가와의 관계 존재
② 주민의 자치적 능력: 자치지역 주민의 주민등록, 주민의 참여와

의식 정립, 지역문제와 복리의 실현

③ 지방자치단체 구성: 지방자치의 법인 가능

〈표 2-5〉 시 · 군 · 구 지방자치단체의 주요 기능 및 역할

| 구분 | 내용 |
|---|---|
| 지위 | - 지방자치단체 대표기관<br>- 주민의 대표기관<br>- 지방자치단체 집행기관<br>- 국가의 하부기관 |
| 권한 | - 대표권, 임명권, 규칙 제정권, 지휘감독권<br>- 사무관리 집행권, 사무 위임권<br>- 지방의회에 관한 권한, 재정에 관한 권한 |
| 사무원칙 | - 주민 복리의 원칙<br>- 행정효율의 원칙<br>- 법령 적합의 원칙<br>- 자치단체 상호 간의 협력 원칙 |
| 사무내용 | - 복리적 사무, 경제적 사무<br>- 환경적 사무, 대인적 사무 |
| 사무범위 | - 지방자치단체의 구역, 조직 및 행정관리<br>- 주민복리 증진, 농림상공 등 산업진흥 사무<br>- 지역 개발 및 주민의 생활, 환경 시설 설치, 관리<br>- 교육, 체육, 문화, 예술, 진흥 사무<br>- 지역 민방위 및 소방 등 |
| 소속 행정기관 | - 직속기관(사무처, 사업총괄 부서 등)<br>- 사업소, 출장소, 하부 위원회, 하부 행정기관 |

지방자치제는 지방에서의 민주 실현, 지방자치 행정의 효율성 제고, 그리고 지방복리의 주도적 실현이라는 측면에서 그 중요성이 강조되어 왔다. 지방자치제는 우리나라의 민주주의 발전과 함께 성장해온 바, 그 중요성 측면에서 다음과 같은 문제를 진단해야 한다.

① 지방자치에서의 민주주의가 제대로 정착되고 실현되고 있는가?

② 지방자치는 효율적으로 운영되고 있는가?

③ 지방자치에 의해 지방의 복리가 향상되었는가?

우리나라의 지방자치는 〈표 2-6〉과 같이 정치 환경의 영향에 의해 부활의 과정을 겪으며 발전해왔다. 위의 진단요소를 적용해보았을 때 우

〈표 2-6〉 지방자치제의 발전 과정

| 구분 | 내용 |
|---|---|
| 태동단계 | - 지방자치법 제정 · 공포(1949년 7월 4일)<br>- 전쟁 발발로 일시 중단 → 지방의원 선거 실시<br>- 지방자치법 개정(1956년 2월, 1958년 12월)<br>- 모든 단체장 · 의원 직선제(4.19혁명 이후) |
| 소멸단계 | - 5.16 군사정변으로 의회 해산(지방자치 임시조치법)<br>- 유신헌법: 재정자립도 및 통일 이후 구성(1972년 10월) |
| 부활단계 | - 광역 · 기초 병행의 지방자치법 공표(1988년 4월)<br>- 전국적 기초 · 광역의원 선거(1991년 3월 6일) |
| 활성화단계 | - 통합지방선거 실시(1995년 6월 27일)<br>- 자치단체장 · 의원, 직접선거, 실질적 지방자치 시작 |
| 정착 · 발전단계 | - 지방선거 정례적 실시<br>- 주민의 조례제정 · 감사 청구권 신설<br>- 지방분권 촉진 특별법(2008년 6월) |

〈표 2-7〉 태동기 지방자치 주요 내용

| 구분 | 내용 |
|---|---|
| 종류 | - 광역자치단체: 서울특별시, 도<br>- 기초자치단체: 시, 읍, 면(도에서 관리) |
| 임명/직선 | - 대통령이 광역자치단체장 임명<br>- 시 · 읍 · 면장: 주민 직접선거<br>- 의원: 주민 직접선거(임기 4년) |
| 문제점 | - 의회의 지방자치단체장 불신임 |

리의 지방자치는 조금씩 발전하고 있다고 평가된다. 첫째, 태동단계에도 대한민국정부가 수립된 직후 제헌헌법에 지방자치 조항이 규정되면서 지방자치가 시작되었는데, 1949년 7월 4일 지방자치법이 제정 · 공표되었다. 그 주요 내용은 〈표 2-7〉과 같이 서울시장과 도지사의 임명제 외에는 구색을 잘 갖추고 있었다. 그러나 당시는 해방 이후의 혼란기로 정국이 안정되지 않았으며, 우리 국민의 민주의식 결여 및 경험이 전무한 상태로서 지방자치의 실질적 실현이 곤란했다.

한편, 태동기 지방자치제는 한국전쟁 발발로 시행되지 못했는데, 휴전 직전인 1952년에 의회 선거를 실시하면서 부활했다. 이후에도 1956년 2월과 1958년 12월 지방자치법은 정치적 목적으로 개편이 거듭되었는데, 대통령의 권한을 강화할 목적으로 단체장을 임명하고 반대로 의회의 불신임권을 제약했다. 4.19혁명 이후에는 광역 및 기초단체장, 광역 및 기초의회를 직선으로 구성하는 제도를 갖추며 비교적 형태가 완전한 자치제를 이뤘다.

둘째, 소멸단계에서는 1961년 5.16 군사정변 이후인 1961년 9월 '지방자치에 관한 인사조치법'이 공포되었으며 읍 · 면 · 동 지방자치단체가 폐지되고 상위의 모든 지방자치단체장을 대통령이 임명토록 했는데, 사실상 지방자치제가 중단되었다. 1972년 10월의 유신헌법에서는 "지방의회는 조국통일이 이뤄질 때까지 구성하지 아니한다"라고 규정하여 제도적인 폐쇄조치를 단행하여 이른바 민생혼란과 부정부패를 척결한다는 명분을 내세웠지만, 사실은 국민의 민주의식 생성과 확산을 통제하기 위한 조치로 평가된다. 셋째, 부활단계에서는 6.10항쟁 등 국내에서 진행된 일련의 민주화 과정, 88서울올림픽 개최 추진 등 정치적 상황의 호전을 계기로 1988년 4월 지방자치법이 공포되었다. 좀 더 상세한 내용은 3장에서 다루고자 한다.

이때의 지방자치는 과거의 읍·면·동 체제가 아닌 시·군·구 개념의 '기초자치단체'와 특별시·직할시·도 개념의 '광역자치단체' 두 종류를 두었다. 이에 따라 1991년 6월 지방의원 선거가 이뤄졌으나 단체장은 여전히 임명제로 남겨두었다. 넷째, 활성화 단계에서는 1995년 6월 단체장의 직선 등을 포함한 지방자치단체장과 의원을 모두 주민이 직접 선거하는 통합지방선거를 실시했는데, 실험과 시행착오가 아닌 실실석인 지방자치의 실현이 시작된 기간으로 평가된다.

마지막으로 정착 및 발전 단계에서는 관련법의 제정을 통해 사무의 지방이양, 중앙 행정권한 지방이양 촉진에 관한 법률, 1999년 1월, 주민의 조례 제정 개폐청구권 및 감사청구권 신설, 주민투표, 주민소송, 주민소환,[16] 지방행정체제 개편 등 다양한 조치가 시행되어 지방자치제가 지속적으로 발전하고 있다.[17]

## 2) 지방자치의 법적 근거[18]

지방자치제는 대한민국 헌법을 근거로 지방자치법에 따라 구성되고

---

16) 주민소환제도는 지방자치단체장의 개인적 비리 혹은 정책 집행이 정치문제로 비화될 경우 주로 발생한다. 지역의 정치적 특성, 다양한 정치집단의 개입, SNS 역할 등의 요인이 복합적으로 작용한다. 최진식, "주민소환으로 인한 님비갈등의 정치화에 대한 대응방안 연구", KIPA 연구보고서, 2009-25, pp. 129-132.

17) 강원택, 『한국 지방자치의 현실과 개혁과제』(서울: 사회평론, 2014), pp. 16-21.

18) 지방자치법은 입법 분담을 고려하여 정밀한 사무배분 기준에 의해 마련되는 것이 원칙이며, 실정법에서 조례로서 규율하는 영역이 더욱 확장되도록 하는 것이 필요하다. 이러한 문제점에 의해 지방자치의 입법과 관련하여 상·하한을 정하는 것이 중요하다. 양승미, "법령과 조례의 관계에 대한 연구", 「이화여자대학교 법학논집」, 제14권 제3호(2013. 3), pp. 367-380.

운영된다. 먼저 헌법에는 '8장 지방자치' 117조 및 118조에 지방의회 및 조직, 권한, 의원선거와 지방자치단체장의 선임방법, 기타 지방자치단체의 조직과 운영에 관한 사항을 법률로 정한다고 명시하고 있다.[19] 지방자

〈표 2-8〉 지방자치법의 주요 내용

| 구분 | 내용 |
|---|---|
| 1장<br>총강 | - 목적, 종류, 법인격과 관할<br>- 명칭과 구역, 구역변경과 폐지분할, 소재지, 시 · 읍 설치기준<br>- 기능과 사무 |
| 2장<br>주민 | - 주민의 자격, 권리, 투표, 조례제정, 감사청구, 주민소송, 주민소환 |
| 3장<br>조례와 규칙 | - 조례, 규칙, 제정절차, 과태료 |
| 4장<br>선거 | - 별도법 |
| 5장<br>지방의회 | - 조직, 의원의 금지 · 의무, 권한, 소집과 회기, 의장과 부의장, 위원회<br>- 회의, 청원, 사직, 퇴직 및 자격심사질서, 징계, 사무기구 |
| 6장<br>집행기관 | - 지방자치단체장의 지위, 권한, 지방의회와의 관계, 보조기관, 행정기관, 하부행정기관 |
| 7장<br>재무 | - 기본원칙, 예산과 결산, 수입과 지출, 재산 및 공공시설, 보칙 |
| 8장<br>지방자치단체<br>상호 간의 관계 | - 협력과 분쟁조절, 행정협의회, 지방자치단체 조합, 협의체 |
| 9장<br>국가의 지도 감독 | - 지도와 지원, 협의조정, 시정, 직무이행명령, 감사, 재의와 제소 |
| 10장<br>행정특례 | - 서울특별시 등 대도시와 세종특별시 및 제주특별자치도의 행정특례 |

19) 헌법에서 조례제정권을 부여하는 것은 주민에 근접한 지방자치단체가 그 지방의 사무를 규정한다는 근거리 행정의 목적을 달성하고, 국가가 간과하는 문제를 지방자치단체가 판단하는 다양성의 원칙에 근거한다. 조례제정의 범위는 지방자치의 자치권과 충돌하는 문제로 앞으로도 계속 쟁점이 되는 분야다. 안효섭, pp. 239-261.

치법은 지방자치제 운영의 세부 내용을 규정하고 있는데, 10장 175조를 두고 있으며 주요 내용은 〈표 2-8〉과 같다. 지방자치법 2장 '주민'에는 주민의 자격과 권리, 조례제정, 감사청구, 주민소송, 주민소환이 있고, 3장 '조례와 규칙'에 조례제정 절차가 있다. 5장 '지방의회'는 조직, 의원의 권한, 회의, 사무기구가 있으며, 6장 '집행기관'에는 지방자치단체장의 지위와 권한, 행정기관 등 구성요소에 대한 설명이 있다. 7장 '재무'에는 예산과 결산, 수입과 지출이 있으며, 8장은 '지방자치단체 상호 간의 관계', 9장은 '국가의 지도 감독' 등이 기술되어 있다.

이외에도 지방자치에 대한 행정사무감사규정,[20] 지방분권 및 지방행정체제 개편에 관한 특별법, 지방자치단체의 행정기구와 정원기준 등에 관한 규정, 지방자체단체에 두는 국가공무원의 정원에 관한 법률, 지방자치단체 또는 고위공무원단의 직무등급 표시에 관한 규칙, 주민투표법, 서울특별시 행정특례에 관한 법률, 세종특별자치시 설치 등에 관한 법률 등이 있다.

### 3) 지방자치조직구성과 운영 및 상호관계

지방자치제의 핵심 구성요소는 〔그림 2-1〕에서와 같이 지방자치단체와 대의기관인 지방의회다. 지방자치법(법률 제12844호, 정부조직법)에서는 위의 지방자치단체와 지방의회에 대해 상세히 기술하고 있다. 지방자치

20) 행정사무감사는 외부감사 및 내부감사로 구분되는데, 광역자치단체는 15일, 기초자치단체는 10일을 실시하는데, 감사의 실효성을 확보하는 것이 중요하다. 박명흠, "우리나라 지방의회 행정사무감사의 실태와 개선방안", 「한국지방정부학회 동계 학술대회 자료집」, 2010. 8, pp. 1-13.

단체는 특별시 · 광역시 · 특별자치도 · 특별자치시와 시 · 군 · 구의 두 종류가 있는데, 필요 시 대통령령으로 특별지방자치단체를 설치할 수 있다. 각각의 지방자치단체는 지방자치단체장, 보조기관, 소속 행정기관, 그리고 하부 행정기관으로 구성되어 있다. 지방자치단체장은 그 종류에 따라 특별시장, 광역시장, 특별자치의장, 도지사, 시장과 군수, 구청장이 있다. 지방자치단체장은 주민의 선거에 의해 선출되며, 임기는 4년이고, 3회의 연임이 가능하다. 지방자치단체장은 대통령, 국회의원, 헌법재판소 재판관, 선거관리위원, 지방의회 의원, 공무원, 조합장, 지방공사 임원, 영리사업종사 등의 겸직을 금지한다.

지방자치단체의 또 다른 조직은 1~3명의 부단체장(부지사 · 부시장 · 부구청장), 그리고 행정기구와 그에 속한 공무원이 포함된 보조기관이다. 부단체장은 지방자치단체장의 부재 혹은 유고 시 직무를 대행하며 지방자치단체 사무를 분담하는 행정기구는 조례로 정한다. 소속행정기관에는 직속기관, 사업소, 출장소, 합의제 행정기관, 자문기관이 있다. 직속기관은 직속 행정기관을 포함하며 소방 · 교육 · 보건 · 시험연구 · 중소기업 지도기관이 설치될 수 있다. 출장소는 원거리 주민의 편의와 개발촉진을

[그림 2-1] 지방자치의 주요 구성요소와 관계

위해, 합의제 행정기관은 독립된 업무 수행을 위해, 그리고 자문기관은 심의회 및 위원회 형태로 설치 · 운영된다. 하부행정기관은 구청장 · 읍장 · 면장 · 동장 등을 두며 지방자치단체장의 지휘감독을 받는다.

지방의회는 지방의회의원, 위원회 그리고 사무기구로 구성되어 있다. 지방의원은 선거에 의해 선출되고, 임기는 4년이며, 지방자치단체장과 같이 국회의원과 다른 지방의회의 의원, 헌법재판관, 선거관리위원, 공무원 및 교원, 각종 조합의 장, 영리사업 종사 등의 겸직을 금지한다. 그리고 의장과 부의장은 지방의원 중 선거를 통해 선출하며, 대표로서의 역할과 직무를 수행한다.

각종 위원회는 소관의안과 청원 등을 심사 · 처리하고 상임위원회와 특정안건에 대해서는 별도의 특별위원회를 구성하며 의원의 윤리심사 및 징계를 심사하는 윤리위원회도 구성할 수 있다. 또한 각 위원회에는 관련 전문지식을 가진 전문위원이 있다. 그리고 각 의회의 사무를 처리하기 위해 사무처가 있으며, 관련 공무원이 근무한다.[21] 하지만 〔그림 2-1〕과 같이 지방자치단체와 의회는 수직 및 수평 관계를 설정하는 상대기관(지방자치단체와 지방의회의 관계는 별도 기술)이 존재한다.

지방자치단체는 분쟁이 발생할 경우 상호 간 적극적으로 협력해야 한다. 이 경우 관련 조례나 규정이 없을 때는 단체장이 조정하는 것이 일반적이다. 이를 위해 행정자치부에 '중앙분쟁조정위원회', 시 · 도에 '지방분쟁조정위원회'가 있다. 또한 어떤 사안이 2개 이상의 지방자치단체와 유관할 경우에 대비하여 국무총리 소속으로 '행정협의조정위원회'를 두고 있다. 동시에 위와 같은 업무추진을 위해 지방자치단체조합의 설립

21) 안영훈, 『지방의회 의정활동 역량강화 방안』, 한국지방행정연구원, 2013. 12, pp. 7-48.

및 구성이 가능하다. 또한 지방자치단체의 장을 아우르는 협의체를 두어 공동의 문제를 협의할 수 있다.[22)]

### 4) 지방자치단체의 역할과 기능

지방자치단체의 역할과 기능은 기본원칙, 사무범위, 사무배분기준, 국가사무의 처리제한 등이 포괄되며 지방의회는 권한, 소집, 회의, 청원의 기능을 갖는다. 먼저 지방자치단체는 다음의 3가지 기본원칙을 갖는다.

① 지방자치단체는 그 사무를 처리할 때 주민의 편의와 복리증진을 위해 노력해야 한다(주민 중심).
② 지방자치단체는 조직과 운영을 합리적으로 하고, 그 규모를 적정하게 유지해야 한다(합리성).
③ 지방자치단체는 법령이나 상급 지방자치단체의 조례를 위반하여 그 사무를 처리할 수 없다(상위법 우선).

사무범위는 구역 · 조직 · 행정관리 등에 관한 11개 사무, 주민복지증진에 관한 10개 사무, 농림 · 상공업 등 산업진흥에 관한 14개 사무, 지역개발과 주민의 생활환경시설의 설치에 관한 15개 사무, 교육 · 체육 · 문화 · 예술의 진흥에 관한 5개 사무, 그리고 지역 민방위 및 지방운영에 관한 2개 사무 등 총 57개 사무가 있다.

---

22) 이청수, 『지방의회론』(서울: 백산출판사, 2014), pp. 132-135.

사무배분은 보통 2개 이상의 지방자치단체가 포함되거나 통일성을 유지해야 할 때 국가와의 연계성이 있는 경우 또는 독자적 회의가 어려울 경우 시 · 도 지방자치단체가 담당하고, 관련 사무는 시, 도 및 지방자치단체에 분배한다. 마지막으로 다음의 국가사무에 관한 내용은 지방자치단체에서 처리할 수 없다.

① 외교, 국방, 사법, 국세 등 국가 존립에 필요한 사무
② 물가정책, 금융정책, 수출입정책 등 전국적으로 통일적 처리를 요하는 사무
③ 농산물 · 임산물 · 축산물 · 수산물 및 양곡의 수급조절과 수출입 등 전국적 규모의 사무
④ 국가종합경제개발계획, 국가하천, 국유림, 국토종합개발계획, 지정항만, 고속국도 · 일반국도, 국립공원 등 전국적 규모나 이와 비슷한 규모의 사무
⑤ 근로기준, 측량단위 등 전국적으로 기준을 통일하고 조정해야 할 필요가 있는 사무
⑥ 우편, 철도 등 전국적 규모나 이와 비슷한 규모의 사무
⑦ 고도의 기술을 요하는 검사 · 시험 · 연구, 항공관리, 기상행정, 원자력 개발 등 지방자치단체의 기술과 재정 능력으로 감당하기 어려운 사무

지방의회의 권한에는 각종 의결, 서류제출 요구, 행정사무 감사권 및 조사권, 질문응답이 있다. 주요 의결사항에는 조례의 제정 · 개정 및 폐지, 예산의 심의 · 확정, 결산의 승인, 기금의 설치 · 운영, 중요재산의

취득 및 처분, 그리고 청원 수리와 처리 등이 있다. 지방의회는 위의 안건 심의를 위해 지방자치단체장에게 서류 제출을 요구할 수 있다. 행정사무감사[23)]는 매년 1회 정기적으로 개최되고, 정례회는 매년 2회 정례회를 개최하며, 총선거 후 최초로 소집되는 임시회는 지방의회 사무처장 · 사무국장 · 사무과장이 지방의회 의원 임기 개시일로부터 25일 이내에 소집하나, 그 이후 지방의회 의장은 지방자치단체의 장이나 재적의원 3분의 1 이상 의원의 요구 시 15일 이내에 소집해야 한다. 다만 의장과 부의장이 사고로 임시회를 소집할 수 없으면 의원 중 최다선의원이, 최다의원이 2명 이상인 경우에는 그중의 연장자 순으로 소집하고 집회 3일 전에 공고해야 하지만, 긴급을 요할 때는 그렇지 않다.[24)]

## 5) 지방자치제와 주민

주민은 지방자치제의 가장 핵심적인 요소로서 주민의 역할이 어느 정도 활성화되느냐에 따라 지방자치제의 성패를 좌우한다. 앞서 언급한 바와 같이 주민은 지방자치단체장과 지방의원을 선출하는 역할을 하는데, 주민의 선택이 지방자치제의 미래를 결정한다고 할 수 있다. 먼저 지방자치법에 의하면 “해당 지방자치제 안에 주소를 가진 자가 그 지방자

23) 행정사무감사는 법적 · 제도적 관점에서는 완성되어가고 있으나 운영상 문제가 유발되고 있는데, 지방자치단체와 의회 양자 간의 협조체제와 상호인식, 감사 행태 등에서 늘 개선이 요구되고 있다. 따라서 행정사무감사의 필요성에 대한 올바른 인식, 의원의 올바른 접근자세, 실효성 강화, 주민의 관심 제고 등 정책 지향적 대책이 있어야 한다. 임무룡, “지방의회 행정사무감사의 발전방안에 관한 연구”, 「지역개발연구」, 제10호(2002), pp. 293-315.

24) 이청수, pp. 519-544.

치단체의 주민이 된다"라고 명시되어 있다. 주민은 자격을 갖춤과 동시에 다음과 같은 권리를 갖는다.

첫째, 주민은 선거권과 함께 해당 자치단체의 재산과 공공시설물을 이용하고 행정 혜택을 받을 수 있다. 둘째, 주민은 지방자치단체의 주요 결정사항에 대해 주민투표를 부칠 수 있다. 셋째, 주민은 조례의 제정과 개정 및 폐지를 청구할 수 있는데, 인구 50만 이상의 대도시에서는 100분의 1 이상 70분의 1 이하, 시 · 군 · 구 및 자치구에서는 주민 총수의 50분의 1 이상 30분의 1 이하의 범위에서 주민의 연서가 필요하다. 이러한 청구는 60일 이내에 지방의회에 회부하여 가부를 결정한다. 넷째, 주민은 감사청구를 할 수 있는데, 시 · 도는 500명, 인구 50만 이상의 대도시는 300명, 시 · 군 및 자치구는 200명 이내에서 주민의 연서가 필요하다. 다섯째, 주민은 감사청구한 사람과 관련하여 위법성 혹은 업무 태만의 경우 주민소송을 제기할 수 있다. 이에 따른 결과로 손해배상 지불, 변상 명령 등이 이뤄진다. 마지막으로 주민은 지방자치단체장 및 의원에 대해 주민소환의 권리를 갖는다. 한편, 주민은 명백한 의무를 가지는데 소속 지방자치단체의 비용을 부담해야 한다.

## 나. 지방의회의 지역발전 역할

### 1) 주민의 복리 달성과 조례제정

주민의 복리는 구체적으로 언급되지는 않았으나, 지방자치법 제9조에 그 사무의 범위로서 개략적인 의미를 파악할 수 있으며 그 형태는 유·무형으로 구분할 수 있다. 먼저 유형의 복리는 주민이 체감하는 복리의 향상을 의미하는데 도로 건설, 공원 조성, 상하수도 개설 또는 증설 등 공공이익을 강화하는 행위, 감염 및 질병예방, 공중접객업소 위생개선 등 공중보건 분야를 개선하는 것 등 앞 절에 기술한 총 57개 사무와 유관한 업무다. 위와 같은 유형의 복리는 정책 발의를 바탕으로 적정한 예산을 집행함으로써 가능하다. 한편, 무형의 복리란 주민이 해당 지방자치단체의 업무에 어느 정도 만족하고 신뢰하는지, 해당 지역에서 주민으로서 자부심을 느끼거나 안전한 공간임을 인식하는지, 혹은 삶의 질이 향상되었는지 등 포괄적인 부분을 포함한다.

위와 같은 복리는 지방의회의 가장 핵심적인 권한이자 의무인 조례제정을 통해 달성된다. 따라서 조례제정에 있어서 가장 핵심적인 역할을 하는 지방의회 의원의 정확한 가치관 정립이 중요하며, 의원은 주민의 복리가 모든 의정활동의 중심임을 자각하고 앞에서 열거한 복리가 제대로 다뤄지고 있는지 성심성의껏 살펴야 한다. 의원은 조례제정이 정책 발휘나 예산을 배정시키는 주요 수단임을 인식하고 복리에 관한 것이라면 적극적인 추진의지를 가져야 한다. 조례제정은 과도한 규제가 되지 않도록 유념하면서[25] 주민 복리의 지속적인 실천을 보장하는 제도화 과정이나 중앙기관의 행정적 · 사법적 조례통제를 받으면서 자치입법, 예산심의,[26] 행정감사 등의 기능을 수행한다.[27] 이러한 관점에서 주민은 지방의원을 평가함에 있어서도 의원이 어느 정도 복리의 개선을 주도하고 향상시켰는지, 실질적인 지표가 향상되고 모든 복리 업무가 공정하게 집행되고 있는지를 주요 지표로 삼아야 한다.

지방의회의 조례제정은 시 · 도의 조례나 규칙 범위 내에서 제정이 가능한데, 조례안은 지방의회에서 의결되어 5일 이내에 지방자치단체장에게 이송된다. 지방자치단체장은 이를 20일 이내에 공포하거나 이의가 있을 경우 환부(조례안을 되돌려 보내는 것)나 재의를 요구할 수 있는데, 이러한 안은 의회에서 과반수의 출석과 2/3의 찬성으로 의결 · 확정된다.

### 2) 민주주의 실천과 정치 발전의 구현

지방의회는 대한민국 민주주의의 기초적 실험무대이기도 하며, 앞으로의 발전 양상을 가늠할 수 있는 기준이기도 하다. '민주주의 이론의 비교와 적용'에서 기술한 바와 같이 지방의회는 민주주의의 복합적 기능인 직접 · 간접 · 참여 · 숙의의 과정이 녹아 있다. 이러한 민주주의는 시

---

25) 김상만 외, pp. 91-114.

26) 예산심의는 비록 각 지역별로 차등은 있으나 상당 부분 중앙정부의 국고지원금에 의존하고, 중앙정부의 지침이나 승인 또는 법률의 제약을 받고 있으나 지방의회의 존립을 확보하는 데 핵심적인 기능이라고 할 수 있다. 송광태 외, "지방예산 과정에서의 지방의회의 심의기능", 「경기논단」, 2001년 겨울호, pp. 41-46.

27) 김병록, "조례통제를 위한 제 방안에 관한 연구: 행정적 · 사법적 통제를 중심으로", 「일감법학」, 제15호, 2009, pp. 241-281.

행착오를 겪을 수밖에 없으며 성장하는 과정에 있는데, 주민에게는 능력 있고 올바른 국가관을 견지한 의원을 직접적으로 선출할 수 있는 의무를 부과하고 있다. 비록 주민이 의정활동의 결과를 책임지지는 않지만, 직간접적인 영향을 받게 되므로 제대로 된 의원을 선출하는 것이 중요하다. 특히 지방자치단체장 선거는 한 지역의 발전과 직결되므로 주민의 수준 높은 선택이 요구된다. 또한 지방의회는 간접 혹은 대의민주주의 본질이 그대로 발휘되는 현장이다. 지방의원이 주민의 의견을 반영하지 않고 개인의 영리를 목적으로 하거나 어느 한 정당에 치우친 결정에 기여할 경우 그 피해는 고스란히 주민에게 돌아간다. 따라서 의원은 자신이 민주주의를 퇴보시키거나 발전시키는 주체임을 항상 자각할 필요가 있다.

현대 민주주의의 가장 진화된 모습의 하나는 주민이 다방면으로 왕성하게 참여하는 것이다. SNS의 발달, 주민의 정치의식 향상, 지방정치의 중요성 공감 등 주민의 정치 참여 동기나 환경은 지속적으로 개선되고 있으며 이러한 주민의 참여는 의회발전의 원동력이 될 수 있다.[28] 그리고 숙의민주주의는 지방의회가 직면하는 주민 복리의 문제가 더욱 세분화되고 다양하게 표출되는 환경에서 의정활동에 매우 중요한 장치로 작용한다. 지방의원들은 주민의 의견 혹은 시민단체의 주장 등을 반영하면서 다양한 전문가 의견을 참고하고 여러 계층의 갈등을 숙의하면서 제 문제를 해결하고 긍정적인 결과를 도출할 수 있다.[29]

둘째, 지방의회는 정당 간의 힘의 균형을 유지하며 상호 견제함으로

---

28) 고인석, pp. 43-66; 김귀옥 외, "지방자치단체 소셜미디어의 대화커뮤니케이션 특성과 공중 커뮤니케이션 행동이 조직-공중관계성에 미치는 영향", *Journal of Public Relations*, Vol. 20, No. 1, 1, Feb. 2016, pp. 141-142.

29) 금창호 외, "지방의회와 시민단체 간 발전적 관계정립 방안", 「한국지방행정연구원」, pp. 85-97.

써 어느 한쪽의 일방적이거나 독선적인 의정활동을 억제하는 기능을 수행한다. 지방의회의 의제 결정은 해당 지역의 모든 주민에게 영향을 미친다. 따라서 어느 한 정당의 당론이 우선해서는 안 되며 공공의 이익에 기반을 두어야 한다. 이러한 중요성에 따라 정당 간의 의석 배분이 균형을 이루는 것이 바람직하나, 우리의 현실에서 예외가 되는 지역도 존재한다. 따라서 지방자치가 자칫 편향되거나 소수의 주민의사가 묵살되는 상황이 발생하는데, 지방의회는 위와 같은 불균형을 해소할 때 진정한 지방자치의 목적을 달성할 수 있다. 그러함에도 불구하고 아직 우리나라에서는 지방의회가 주민의 복리를 우선적으로 추구해야 한다는 것을 망각한 채 의회를 장악하는 데 몰두하는 경우도 종종 발견되고 있으며, 의장단 구성 시 정당의 영향력을 확보하는 행위가 그것이다.

셋째, 지방의회가 보여줄 수 있는 가장 이상적인 모습은 갈등의 원활한 조정과 이를 통한 해소라고 할 수 있다. 지방의회의 의제는 아무리 공공성을 강조하고 명분이 있다고 해도 정당의 이익, 지역구의 편향, 의제의 민감성, 지방자치단체의 영향력, 의원 개개인의 입장 등이 반영되어 원만하게 처리되지 않는 경우도 빈번히 발생하고 있어 우리의 민주주의 성숙과 정치 발전에 대한 희망을 가지고 있는 국민을 좌절시키고 있다. 따라서 지방의회가 본연의 역할을 충실히 수행함으로써 주민에게 한국적 민주주의가 정착할 수 있다는 확신을 심어주는 것이 필요하다.[30]

넷째, 지방의회는 주민의 복리를 실현하기 위해 다양한 계층의 의견을 대변한다는 측면에서 여성의원, 장애인, 신인정치인 등을 발굴하고 의정활동의 기회를 제공하는 현장이다. 우리의 정치현실에서는 기득권

---

30) 강원택, pp. 40-55.

정치인의 영향력이 강하다 보니 위에서 언급한 비주류 정치인을 선출하는 제도를 병행하는 것이다. 특히 여성정치인의 연임이 어렵고, 지방정치에서 여성의 능력이나 잠재력이 충분히 발휘되기에는 한계가 있다. 이는 남성선호, 유교적 잔재의 영향, 여성정치인의 수적 부족, 여성들의 정치 참여의식 부족 등에 기인한다. 따라서 지방의회에서도 비주류 정치인에 대한 배려와 활동공간을 제공함으로써 선진국 수준의 정치 환경을 조성하는 것이 요구된다.

마지막으로 지방의회는 세무건설 · 교육 · 보건 · 환경 · 산업 등 제 분야 전문집단의 역할을 배가시키는 기능을 수행한다. 이는 의정활동 전 과정에서 이뤄지고 있는데, 전문집단의 노력이 주민 복리 향상을 위한 조례제정 혹은 정책추진에 반영된다는 점에서 의미가 크다. 전문집단은 전문위원의 형태로 참여하거나 사안별로 의회에 참여하여 역할을 담당하는데, 아직 그 활동성이 충분하지 않은 것이 현실이다. 이는 의원의 전문성과 관련된 것으로서 실질적으로 지방자치단체에 도움이 되는 의제의 발굴 및 추진에 있어서 필수불가결한 요소라고 할 수 있다.

### 3) 지방자치단체의 견제와 감시

지방의회는 지방자치단체의 집행기능과 함께 지방정치의 근간인 입법을 담당하고 있다. 이는 삼권 분립에서 사법이 배제된 상태에서 양 주체가 권력을 분립한 형태이며 지방자치제의 중요한 임무는 지방자치단체를 견제하고 감시하는 것인데, 지방의회는 입법 · 행정의 균형이 유지되도록 노력해야 할 것이다. 한편 견제하는 개념에서 연중 빈번하게 이뤄지는 사무는 예산 편성 시 항목별 구성비의 적정한 배분, 예산의 결산과 사업성과 평가, 잘못된 예산에 대한 시정 요구 등을 할 수 있다. 이러한 과정 중에서 행사성 예산 혹은 중복 예산, 과대 예산 등을 삭감하거나 수정 · 보완을 요구함으로써 예산의 낭비를 방지할 수 있다. 따라서 지방의회는 지방자치단체가 주민 복리 및 지역발전을 위해 지역의 특성을 살리는 정책을 유도할 수 있다.[31] 동시에 지방자치단체의 부족한 예산을 해결하기 위해 중앙정부나 시 · 도의회에 지방의 현실을 알리고 지원을 창출하는 역할도 지방의원의 몫이라고 할 수 있다. 지방자치단체가 추진하는 지역특성의 강화는 장기적으로 지역의 경쟁력을 강화하고 지역주민의 자긍심과 삶의 질을 높이는 효과를 거둘 것이다.

마지막으로 지방의회는 독립된 영역 안에서 자칫 자립능력을 상실할 수 있는 지방자치단체장과 구성원들의 부패를 감시하고 예방하는 역할을 해야 한다. 청렴도는 해당 지방자치단체의 수준을 측정하는 가장 기본적인 요소로서 지방자치단체와 지방의회를 신뢰하면서 지지와 지원을 해줄 때 비로소 지방정치가 활성화될 수 있다. 최근에 선거기간과 재직기간 중에 부정부패를 저질러 명예를 상실하는 정치인이 자주 발견되고 있다. 이는 단순히 개인의 문제로 끝나지 않고 지역의 이미지와 지역주민의 자긍심을 훼손하는 것이며, 그 결과 해당 지방자치단체의 경쟁력을 급격히 약화시키는 결과를 초래할 수 있다. 따라서 지방의원의 자정적 역할은 해당 지역의 생존과 직결되었다고 해도 과언이 아니다.

31) 김대현, "지방의회와 집행기관 간의 갈등해결방안", 「대한정치학회보」, 제19집 제1호, 2011. 6, pp. 129-151.

### 4) 주민의 정치적 역량증진 및 소통강화 주역

지방의회는 주민의 정치적 역량을 강화하고 제도권 밖의 주민과 지방자치단체 간의 원활한 소통이 가능하도록 매개체 역할을 충실히 수행해야 한다. 어떤 지방자치단체가 가장 앞서간다고 할 수 있을까? 민주주의 이론의 관점에서 보면 첫째, 주민이 지방자치단체를 공동체로 인식하고 적극적인 삶의 개선과 관심을 표명함과 아울러 일원으로서 참여하고 성심성의껏 정책을 집행하는 지방자치단체가 향후 지역발전을 이끌어 나갈 수 있다고 판단한다. 필자가 설정한 이러한 지방자치단체의 비전은 지방의회가 적극성을 발휘함으로써 실현될 수 있다. 둘째, 지방의원은 주민의 다양한 의견, 민원, 청원 등을 결집하는 소통창구 역할을 할 수 있다. 이러한 활동은 의회의 공간뿐만 아니라 지역사회에서 24시간 이뤄지고 있다. 의원은 장소와 시간을 불문하고 주민과 소통할 수 있어야 한다. 셋째, 지방의원은 지방자치단체장과 행정기관 외에도 소외계층과 정치무관심계층에게까지 관심을 보이고 이들도 공동체 구성원으로서 역할을 다할 수 있도록 해야 한다. 실제로 정치현장에서는 역할이 부여된 소수가 주민을 대표하거나 의원과 접촉한다. 이러한 과정은 대의민주주의의 모형으로서 활성화되고는 있지만, 무관심계층의 의견이 배제됨으로써 정책 혜택이 편중되거나 지방자치단체에 대한 심각한 불신으로 이어질 수 있다. 빈번히 관찰되는 '1인 시위'나 언론이 대신 목소리를 내어 숙의 과정이 충실하게 이뤄지지 않은 상태로 처음부터 쟁점화되는 것도 하나의 사례라고 할 수 있다. 따라서 지방의원은 모든 주민의 의사를 반영한다는 자세로 주민의 의견을 수렴하고 이를 새로운 의제로 발전시키는 노력을 기울여야 한다.

마지막으로 지방의회는 주민의 정치 · 경제 · 사회 등 제반 교육을 담당하고 잘못된 의식이나 관행이 개선되도록 선도하는 의무를 다해야 한다. 따라서 의원 개개인은 의정활동의 홍보를 통해 사업의 배경, 적정성, 성과 등을 주민이 이해하도록 해야 하며 주민의 참여와 발의 → 의원의 의안 발의 → 정책채택 및 집행 과정에서 주민이 가장 핵심적인 역할을 담당해야 함을 인식시켜야 한다. 이러한 지방의원의 주민에 대한 교육이나 선도는 지방자치단체의 발전을 담보하는 것이며 지방 민주주의의 발전을 촉진하는 요인으로 작용할 수 있다.

### 5) 균형발전과 성장 촉진

앞서 언급한 바와 같이 지방자치단체는 지역발전의 특성을 살려나가야 할 의무를 안고 있다. 과연 지방의회는 지방의 균형발전과 성장을 촉진하기 위해 어떠한 노력을 할 수 있는가? 첫째, 지방의회는 중앙과 지방 간의 불균형을 적극적으로 시정해야 한다. 이를 위해 국가사업과 연계하여 해당 지역의 교통망, 산업단지 등 필수적인 사업이 동시에 반영되도록 해야 하며, 이를 기반으로 국가적 발전 동력이 창출될 수 있도록 해야 한다. 둘째, 지방의회는 지역발전의 교두보 역할을 수행해야 하는데 위에서 언급한 의원의 역할이 의미하는 바와 같이 국가사업과 지방사업 전반을 올바르게 추진하며, 잘못된 부분을 수정 · 보완하는 행동이 수반되어야 함을 뜻한다. 일례로 정부는 국가사업을 촉진하는 계획을 수집할 때 지방자치단체의 능동적 의견을 수렴하고자 하는데, 지방자치단체의 적극적인 호응을 유도하는 것도 지방의회의 몫이다.

셋째, 지방의회는 물론 현실에서는 의원의 자격에서 이뤄지는 일이 대부분이나, 자신의 임기에 제한받지 않고 중장기적인 지역발전 구상을 할 수 있어야 한다. 또한 개인적인 업적에 몰두한 나머지 지방의회의 역량을 집결한 큰 성과를 간과하는 경우도 있는데, 의원은 다양한 집단의 의견을 조정하고 결집함으로써 이러한 문제를 해소해나가야 한다. 특히 지역의 인프라 구축과 지역단위의 사업체 육성은 주민의 총체적인 합의에 기반을 두므로 의회의 의사결집 역할은 매우 중요하다.

마지막으로 지방의회는 인근지역과 연계, 균형발전, 갈등해소를 위한 매개 역할을 해야 한다. 최근 지방자치단체 간의 경제력(자립도) 차이, 지역갈등, 지역인구, 위치, 성장동력, 산업의 구성비, 주민의 의식수준 등 다양한 요소에 의해 지방자치단체 간의 서열화가 이뤄지고 있다. 또한 화장시설, 소각장, 특수계층의 집단거주 등 지방자치단체 주민이 거부하는 시설의 유치를 두고 여러 지방자치단체가 충돌하는 경우도 많다. 물론 이러한 지방자치단체 간의 문제는 상위 기관이 조정하기도 하지만, 두 지방자치단체 간의 협력과 이해를 축적하기 위해서는 당사자 간의 노력이 선행되어야 하며, 이때 지방의회가 핵심적인 역할을 담당할 수 있다.

# III

# 해외 지방자치 및 지방의회 사례와 시사점

1. 미국
2. 영국
3. 스웨덴
4. 캐나다
5. 호주
6. 일본
7. 독일
8. 해외사례 시사점

# 1
# 미국

미국의 지방자치는 17세기부터 시작되었다. 미국 본토는 영국 및 프랑스 등 유럽의 식민지 형태로 출발했고, 유럽 제국의 통치를 받는 형태였다. 영국 통치하에서는 영국 왕의 주권이 행사되었지만 실질적으로는 지주, 기업가, 자본가에게 일정 부분 권한이 위임되었는데, 이주자 스스로 도시(혹은 타운)를 건설하고 운영함으로써 민주주의가 가미된 지방자치의 기원이 되었다. 그러나 영국 왕실은 주민자치의 강화를 견제했으며, 자치제도에서도 여성과 원주민의 선거권은 배제되었다. 이러한 자치정부와 영국 왕정 간의 갈등이 미국의 독립전쟁으로 이어졌다.

미국은 독립 후 모든 주와 도시에 선거에 의한 의회를 구성했으며, 19세기 무렵에는 중앙정부에 의해 많은 지방정부가 탄생했다. 지방정부는 지역과 관련된 사안, 재산세, 공원관리 등 주로 관할권의 문제(zoning legitimacy)를 책임진다. 현재 미국의 지방정부는 〈표 3-1〉과 같이 카운티 3,034개, 시 · 타운 · 마을의 시 지방정부 1만 9,429개, 일부 주에서 부르는 타운십(township) 1만 6,504개, 학교구역 1만 3,506개, 특수목적(시설, 소방,

경찰, 도서관 등) 자치기구 3만 5,052개 등 총 8만 7,525개가 있다.[1)]

미국의 지방자치 형태는 지역 특성에 맞추어 다양하게 운영되고 있는데, 시장과 의회가 상호 협력체제와 견제기능을 갖추어 운영하는 시

〈표 3-1〉 해외 주요 지방자치 현황 및 특징[2)]

| 구분 | 역사 | 현황 | 주요 특징 |
|---|---|---|---|
| 미국 | - 17C 식민 정부<br>- 19C 독립 이후 | - 총: 78,576개<br>- 카운티: 3,034개<br>- 도시: 19,429개<br>- 타운: 16,504개<br>- 기타: 48,508개 | - 지방정부: 지역문제, 예산 등<br>- 관할권 문제 지속 |
| 영국 | - 19C 도시 개혁<br>- 20C 활성화 | - 57개 지방정부<br>- 34개의 상위 기구<br>- 269개의 하위 기구<br>- 총 353개 | - 스코틀랜드: 32개<br>- 웨일스: 22개<br>- 북아일랜드: 11개 |
| 스웨덴 | - 1862년 도시자치<br>- 2000년 정상화 | - 총 313개<br>- 21개의 카운티<br>- 289개 도시자치 | - 지방자치단체는 사회보장서비스 주력<br>- 지방정부의 권력이양에 긍정적<br>- 의회가 자치구 행정통제 |
| 캐나다 | - 1867년 | - 총 3,700개 | - 영국과 미국의 모델 모방<br>- 독자적인 사법권, 자치정책<br>- 경제발전 주력 |
| 호주 | - 19C 식민지 시대<br>- 1970~90년대 발전 | - 총 565개 | - 헌법적 기반 미약<br>- 재정 및 자립도 미흡<br>- 지방정부 권력 강화에 부정적 |
| 일본 | - 1995년 지방분권화<br>- 2000년 정상 운영 | - 총 47개 | - 자치권과 다양성 제한<br>- 영국의 지방자치 모방<br>- 재정 · 행정을 중앙정부에 의존 |
| 독일 | - 통일 이후 활성화 | - 총 15,428개<br>- 112개의 도시<br>- 329개의 지역<br>- 14,987개의 기초 | - 지방자치단체의 권한과 기능 보장<br>- 모든 지방자치단체의 기능 유사<br>- 통일 이후 지방자치단체 안정성 문제<br>- 동독지역 지원 등 예산 증가 |

1) James Garner, *Government in the United States, National, State and Local* (New York: American Book Company, 1822), pp. 5-56.

2) Sandra M. Stevenson, *Local Government* (NJ: LexisNexis, 2009).

장-의회형, 합의체적 성격의 위원회가 의회와 집행부서를 겸임하는 위원회형, 단체장이 의회의 장을 겸임하는 의회-지배인형, 그리고 타운을 대표하는 회의체가 운영하는 타운회의형이 있다. 미국의 지방자치제와 지방의회는 오랜 역사를 가지고 있으나, 권력이양, 주정부 및 지방정부의 파산, 독자성 강화에 따른 지방정부 간 편차 등 다양한 문제에 직면하고 있다.[3)]

3) 강용기, pp. 77-78.

# 2
# 영국[4)]

영국의 지방자치는 9세기 도시개혁 과정에서 발달하기 시작했으며, 20세기에 들어와 그 구체적인 구조가 형성되었고, 권력이양, 주민참여 등 민주주의적 요소가 가미된 형태로 그리고 통합 및 거대화로 발전을 거듭해왔다. 영국의 지방자치제는 잉글랜드, 스코틀랜드, 웨일스, 북아일랜드가 각각 독립된 형태로 분화되어 발전하고 있다. 먼저 잉글랜드에서는 2000년 '지방정부법(Local Government Act 2000)'이 발효되어 시장 직접선거, 입법과 행정의 분리 등이 시행되었다.

영국 정부는 1997년 노동당 집권 당시 지방정부의 형태에서는 3가지 모형을 제시하고 자율권을 보장했다. 그 3가지 모형이란 지방의회가 내각리더를 선출하고, 동시에 수석행정관이 수석관리를 통제하는 '간선직 리더와 내각제', 우리와 유사한 제도로서 선출된 시장과 의회가 각각 협력하거나 견제하는 '선출직 시장과 내각제', 그리고 선출된 시장이 시

4) 김욱, pp. 330-350.

(市)를 운영하고 이를 의회가 전반적으로 통제하는 '선출직 시장과 시(市) 관리자형'이다. 잉글랜드에는 57개의 단위(single) 지방정부가 있으며, 34개의 상층부(upper tier) 정부와 269개의 하층부(lower tier) 정부가 있다. 단위정부와 대도시 카운티 지역에서는 그 기능과 권력이 상층부와 하층부 정부의 구분 없이 모든 지방업무를 담당한다. 그러나 도시 카운티 지역에서 상층부 정부는 주로 교육, 사회, 정책기획, 운송, 경찰, 소방 등의 업무를 담당하고 하층부 정부는 주택, 쓰레기, 세금징수, 면허, 징계 등의 임무를 담당하는 등 역할과 권한이 구분된다. 런던지역도 특이하게 상 · 하층부 정부의 업무가 구분되어 있다.[5)]

스코틀랜드는 1667년부터 행정과 사법이 분리된 지방자치가 시행되었는데 1890~1929년 사이에 지방의회가 조직되었으며, 1975년 잉글랜드의 형태를 모방한 두 계층의 지방정부 수장도 영국 여왕이 지명한 인물이 주로 맡는다. 끝으로 북아일랜드는 2015년 이후 11개의 지방정부가 형성되었는데, 1973년에는 26개까지 존재했다. 이곳의 지방정부는 잉글랜드, 스코틀랜드, 웨일스와 달리 지방정부에서 교육, 도로건설, 주택 등의 업무를 수행하지 않고 단지 쓰레기 수거 및 재활용, 여가, 주민서비스, 건축 등 지방경제 및 문화 업무를 주로 담당한다.[6)]

5) 강용기, pp. 75-76; Peter John, pp. 27-44, 173; Herbert Heinelt and Xivier Bertrana (ed.), pp. 90-105.

6) Peter John, pp. 76, 117-124.

# 3
# 스웨덴

스웨덴은 교회권력이 권한을 앞세워 지방정치를 관장하는 역할이 줄어들면서 지방정부의 역할이 증대되기 시작했다. 스웨덴 최초의 지방정부는 1862년경 도시 지역을 중심으로 발달하기 시작했으며, 2000년 교회의 지방권력이 소멸되면서 정착되었다. 스웨덴의 지방자치제는 두 가지 형태가 있는데 카운티 정부를 '제1정부(primary communes)', 스톡홀름, 고트버그, 말뫼 등 도시정부를 '제2정부(secondary communes)'라고 칭하고 있다.[7)]

현재의 지방정부는 21개의 카운티정부, 2개의 지역정부, 289개의 도시정부, 1개의 도서 카운티인 고틀란드 등 총 313개가 있다. 현재의 규모는 과거에 비해 현저히 축소된 규모로서 1939년에 2,500개, 1969년에 9,000개가 있었는데 서비스 기능 저하와 예산부족 문제가 빈발했으며, 아울러 스웨덴 국민의 요구가 증대되고 중앙정부가 이를 적극 수용함에

7) Henry Back, "Party Politics and the Common Good in Swedish Local Government," *Scandinavian Political Studies*, Vol. 26, No. 2, 2003, pp. 93-123.

따라 지방정부가 통합되는 과정을 겪었다. 이러한 적극적인 노력에 의해 스톡홀름 등 스웨덴의 지방정치는 세계적인 모델로 인정받고 있다. 특히 대도시의 인구증대 및 발전 속도에 맞는 주택건설 등 소요 반영이 잘 이뤄지고 있으며, 주변 자치기구와의 원활한 조정 등이 모범적 사례로 평가받고 있다.[8)]

스웨덴의 모든 자치구에서는 인구 비례에 따라 의회를 구성하는 20명 이내의 선출직 의원을 선출하며, 임기는 4년이다. 의회는 자치구의 행정을 실질적으로 통제하는데, 각종 위원회가 그 역할을 대신하고 있다. 지방자치제의 일부는 스웨덴의 내각과 의회가 규정하는데, 지방정부의 역할에 매우 긍정적이고 주민의 역할 증대도 보장하고 있다. 이에 따라 지방정부는 병원, 교육, 경찰력 운용 등 사회보장서비스의 강화에 주력할 수 있는데, 미국의 연방정부에서 지방정부의 역할을 제한하는 현상과 대비된다.

---

8) Peter John, pp. 27-38, 173; Herbert Heinelt and Xivier Bertrana (ed.), pp. 243-268.

# 4
# 캐나다

1849년 캐나다의 지방정부 온타리오에서 시 단위 형태로 처음 시작되었다. 그 이후 1867년의 헌법(92조 8항)에서 지방정부가 중앙정부 연방의 하위체제로서 존재함을 명시하고 있다. 캐나다의 지방자치기관은 영국과 미국(특히 시카고)의 모델 중에서 장점을 모방하고 있는데, 총 3,700개의 도시와 타운을 포괄하는 지방자치기관이 있다. 캐나다의 지방정부는 시 단위 문제를 통할하는 독자적 사법권이 있고, 자체적으로 정책 계획을 수립할 수 있는 권한이 주어져 있다. 지방자치기관에는 지방의원이 있으며, 5~15명 정도로 구성되고, 주로 전문적 영역에서 활동하며, 지방자치의 재원은 세금이다.

캐나다의 지방자치는 1945년 이후 주로 도시지역에서 활성화되고 있는데, 미국이나 유럽에 비해 발전 속도는 더디지만 공공서비스와 주민의 삶의 질 향상, 경제발전을 위한 인프라 건설, 경찰 및 소방 업무에 치

중하고 있고 활발한 조례제정 활동이 이뤄지고 있다.[9)]

9) John Martin, etc., "Rural Municipal Development and Reform in Canada: Policy Learning through Local Provincial Collaboration," *Commonwealth Journal of Local Governance*, Issue 10, December 2011-June 2012, pp. 32-50.

# 5
# 호주

호주 지방정부는 영국의 식민지로서 정착민에 대한 권력이양을 계기로 시작되었으며, 1840년 남부 호주지역에서 처음 지방정부가 출범했으나 19세기까지는 제대로 정착되지 못했다. 그러나 1970년대에 들어와 호주 정부에서 지방정부의 인프라 건설 등에 예산을 지원하기 시작했고, 1980~90년대 호주의 민주주의 발전을 계기로 지방자치제, 특히 의회가 활성화되기 시작했다.

호주의 지방정부와 관련한 내용은 헌법과 의회, 주민 입법권 등의 분야에서 시 기구 및 지방정부로 묘사하고 있는데 아직은 헌법적 기반이 미약하고 지방정부와 중앙정부의 공조 미흡, 재정 열악, 주민의 민주적 의식이 희박함에 따른 다양한 문제가 종종 발견되고 있다. 이에 따라 지방정부의 권한이양 요구가 증대되고 있으며, 중앙정부와의 갈등이 고조되는 추세다.[10)]

---

10) Ronald Woods, Sarah Artist, and Geraldine O'Coner, "Learning in Australian local governing: A roadmap for improving education & training," *Commonwealth Journal of Local Governance*, Issue 18, December

호주의 지방정부는 지방정부지역(local government area)으로 묘사되고는 있으나, 주로 지방의회의 관점에서 다뤄지고 있다. 호주의 지방의회는 총 565개로 구성되어 있으며 인구, 인구밀집도, 인구분포도에 따라 다음의 6개 형태로 식별되고 있다.

① RS: 지방중심지역(Rural Significant)

② RT: 지방외곽지역(Rural Remote)

③ UC: 도시수도지역(Urban Capital)

④ UD: 도시발전지역(Urban Developed)

⑤ UF: 도시경계지역(Urban Fringe)

⑥ UR: 도시지역(Urban Regional) 등

---

2015, pp. 108-126.

# 6
# 일본

일본의 지방정부는 주로 영국의 형태를 모방하고 있다. 일본에는 제2차 세계대전에서 패한 이후 지방정부가 존재했으나 중앙정부의 강력한 통제하에 있었다. 1970~80년대 일본 경제의 획기적인 발전과 함께 지방정부의 역할이 증대되기 시작했으며,[11] 1995년의 지방분권화법, 2000년의 포괄적 분권 개혁 선진화법이 발효되면서 지방자치제의 법적 근거와 틀을 갖추게 되었다. 일본의 헌법 92~95조에는 '지방자치'가 명시되어 있으며, 다른 조항에도 세부내용이 언급되어 있다. 그러나 일본의 지방자치제는 권력이양 및 다양성 측면에서 아직 성숙되지 않았는데, 헌법에서도 지방정부의 권리를 제한하고 있으며 시민의 정치참여와 정치의식 미흡 등의 문제를 안고 있다. 가장 큰 문제는 일본의 지방정부가 재정적 · 행정적으로 중앙정부에 크게 의존하는 점이다.[12]

---

11) 정정숙, "일본 지방자치단체의 참여민주주의 실현", 「세계지역연구논총」, 제26집 제3호, pp. 281-282.

12) 이진원, pp. 207-222.

일본에는 총 47개의 지방정부가 있는데 1개의 도쿄 지방자치단체, 교토 및 오사카 등 2개의 직할도시 기구, 43개의 지방정부와 홋카이도 지방정부를 포함한다. 각각의 지방정부는 4년 주기로 지방자치단체장과 의원을 직접 선출하고 있는데, 지방자치단체는 자체 사법권을 갖는다. 각각의 지방의회는 의장, 부회장, 상임위원회, 특별위원회, 사무국이 있는데, 의장과 부의장은 선거에 의해 선출하며, 상임위원회는 인구에 따라 그 수가 결정된다.[13] 일본 지방자치제의 특이한 점은 지방자치단체의 재정 혹은 행정 문제가 발생할 경우 중앙정부가 개입한다. 이러한 계급적 구조로 인해 공무원이 그 역량과 인지도를 이용하여 지방자치단체장으로 진출하는 사례가 많다.[14]

13) Yusaku Horiuchi, Jun Saito, and Kyohei Yamada, "Removing Boundaries, Losing Connections: Elctoral Consequences of Local Government Reform in Japan, *Journal of East Asian Studies*, Vol. 15, 2015, pp. 99-125.

14) 강용기, pp. 81-82.

# 7 독일

독일은 서독에서의 지방자치단체 운용 경험과 구조를 통독 이후 동독지역에 확대 적용하고 있다. 독일은 EU 소속 국가로서 총 5개의 정부 형태를 가지고 있으며, 그 내용은 다음과 같다. 아래 5개 중 ④, ⑤를 지방정부로 구분하고 있다.

① EU정부

② 독일국가(혹은 연방)정부

③ 16개의 주정부(13개의 일반 주와 3개의 도시 주)

④ 지방 및 카운티 자치구, 도시구역 정부

⑤ 타운과 시 자치기구 등

독일의 지방정부는 112개의 도시 및 시 자치구, 329개의 지역 및 시 자치구, 그리고 1만 4,987개의 기초 자치구 등 총 1만 5,428개의 지방정부가 있다. 지방정부는 다른 국가에 비해 다소 특이한데, 일반적으로는 행정 대의 기구인 헤센 주(Hesse)에서 지방정부의 장을 간접 선출하고 지방자치단체장이 의회의장을 겸직한다. 시민이 의회의원을 선출하고 의회는 시장과 사무총장 및 부사무총장을 선출하는데, 이러한 형태는 주로 북부 독일에서 이뤄지고 있다. 남부 독일에서는 주민이 지방자치단체장을 직접 선출하는데, 지방자치단체장이 자치기구와 의회를 통제한다. 시민이 의회의원을 선출하고, 의회가 부시장을 선출한다.

독일 지방자치제는 두 가지 확고한 원칙을 가지고 있는데, 첫째 독일의 모든 지방정부는 예산을 반영하여 주민의 복지 생활수준을 충족해야 하며, 둘째 중앙정부나 주정부는 지방정부의 권한을 제한해서는 안 된다는 점을 독일 헌법에 명시하고 있다. 따라서 독일의 모든 지방정부는 주어진 권한과 의무를 자유롭게 이행하고 있으며, 중앙정부에 위임한 교육, 경제발전, 농업, 해안보호, 중앙정부와의 협력 등의 업무를 수행한다.[15] 이러한 업무를 위해 지방정부는 세수의 10%를 사용한다. 한편 독일은 통독 이후 지방자치단체의 다양한 문제에 직면하고 있는데, 그중 동서독 지방자치단체의 급격한 인구 변동을 꼽고 있으며 취업 목적의 이주와 출산율 저하가 주요인이다.[16] 구 동독지역에 대한 과도한 예산지원 등 지방자치단체 간의 불균형 문제 등이 거듭되고 있으나,[17] 동독지역에 맞는 전략을 수립하고 이에 대한 예산 편성 등 정책지원을 통해 동독지역의 지방자치를 정상화시키는 데 주력하고 있다.

---

15) 독일은 구조적 · 운영적인 측면에서 많은 시행착오를 거치면서 지방자치제를 발전시켜왔다. Sabine Kuhlmann, "Reforming Local Government in Germany: Institutional Changes and Performance Impacts, *German Politics*, Vol. 18, June 2009, pp. 226-245.

16) Herbert Heinelt and Xivier Bertrana (ed.), pp. 106-125.

17) Peter John, pp. 8, 28, 32, 35-38, 169.

# 8
# 해외사례 시사점

미국 등 선진국 지방자치제에 대한 분석 결과 우리의 지방자치제와 관련된 몇 가지 중요한 시사점이 확인되었다. 미국, 영국, 스웨덴 등의 지방자치는 역사가 길고 민주주의의 성숙도가 우리보다 훨씬 높지만, 지방자치제는 중앙으로부터의 제한적 권한이양이라는 본질적 한계 때문에 그 발전 속도에서 큰 차이가 없다. 오히려 후발국은 지방자치단체와 관련해 선도적 국가의 성공사례를 연구하여 자국의 특성에 맞는 모델을 개발함으로써 문제점과 시행착오를 줄여나가는 데 있어서 유리하다. 그러나 지방자치제는 아무리 좋은 모델이라 하더라도 한 국가의 정치적 성숙도에 따라 달라지므로 정치인과 국민의 역할이 중요하다. 이와 같은 관점에서 필자는 해외 지방자치 사례가 주는 교훈을 다음과 같이 7가지로 구분했다.

### 1) 국가의 역사와 정치 상황 반영

지방자치제는 해당 국가의 역사, 정치적 특성, 그리고 민주주의 발전 등 각각의 특징을 반영하면서 구축된다. 그 첫 번째 사례가 미국으로, 식민지에서 정착민이 자체적으로 도시 등을 운영하면서 지방자치제의 기원이 되었다. 영국 왕실은 권력을 위임했으나 식민지 영토 획득, 무역 거래로 인한 수익 확대 등에 몰두했고, 반면에 정착민을 중심으로 한 자치기구는 국가에 필요한 제반 업무를 담당하면서 조직을 구성하고 지역 특성에 맞는 행정을 펼칠 수 있었다.

일본의 경우 패망 이후에도 군국주의적인 잔재가 남아 있어서 중앙정부가 지방을 힘으로 통제하려고 했지만, 1970~80년대 경제 발전에 따른 지방정부의 역할 증대에 의해 불가피하게 권력을 이양하는 과정을 거쳤다. 그러나 일반국민의 정치의식이 급격하게 향상되지 않는 문제를 안고 있으며, 이러한 여건하에서 지방의회에 대한 개혁을 추진하고는 있는데,[18] 아직까지도 지방자치를 활성화시키는 주요 동력인 주민의 지방분권 욕구는 미흡한 상태라고 평가된다. 스웨덴의 경우에는 교회권력이 지방자치를 가로막는 가장 큰 장애였다. 그러나 20세기 들어 장기간의 조정 과정을 거쳤으며, 2000년도에 들어와 교회의 개입이 완전히 해소되었다. 이를 계기로 지방정부의 역할이 강화되기 시작했으며, 중앙정부도 국민의 요구를 적극 수용함으로써 지방자치의 전성기를 맞이하고 있다.

마지막으로 독일의 경우 1990년 독일 통일이 지방자치제의 중요한 변수로 작용했다. 독일은 분단 이후 서독에서 지방자치제가 활발하게 추

---

18) 하세헌, pp. 117-144.

진되었고, 지역 특성에 맞는 자치제도가 정착되었다. 그러나 통일 이후 동독지역에 출현한 지방정부들은 서독으로의 이주 증대에 따른 급격한 인구 유출과 전국적인 출산율 저하로 지방정부를 유지하는 데 어려움을 겪고 있다. 재정적으로도 열악한 구 동독지역 지방정부에 예산을 우선적으로 지원하다 보니 예산운영의 어려움을 호소하고 있다. 이러한 문제로 중앙정부의 지원이 부족한 지방정부가 빈발하는 등 예산지원 불균형이 곳곳에서 보이고 있다.

### 2) 주민의 복리 실현 중시

우리 헌법에서 지방자치의 가장 중요한 업무를 주민의 복리 사무로 명시한 것처럼 해외 지방자치제의 가장 중요한 지향점도 중앙정부의 역할 및 재정 분담[19]을 통해 주민 스스로 복리를 실현한다는 점이다. 먼저, 주민 복리는 지방자치단체 추진의 당위성과 명분을 부여한다. 지방자치단체는 중앙정부가 충분히 관리하지 못하는 지역만의 문제를 다룰 수 있으며, 가장 적절하게 해결할 수 있다. 지방자치단체는 중앙정부가 주민 복리 차원에서 메우지 못하는 부분을 해결하기 위해 존재한다. 둘째, 주민의 복리는 주민의 권리이며, 주민 스스로 해결하는 데 앞장서야 한다. 주민의 복리라는 관점에서 주민이 지방자치단체의 주인이며 관리인인 셈이다. 셋째, 중앙정부는 지방자치단체를 보조적인 수단으로 판단해서

---

19) 지방재정은 지방자치제 발전의 핵심적인 요소로서 지방자치단체에서는 지방소득세가 국세의 세율 조정, 공제 및 감면 정책 등에 따라 세입이 변동되는 등의 문제로 독립세 전환을 요구하고 있는데, 그 실현이 곤란하여 세율조절에 초점이 맞춰져 있다.

는 안 되며 지방자치단체가 주민의 복리 실현에 있어서 우선순위를 두고 사무를 볼 수 있도록 해야 할 것이다. 해외사례에서도 주민의 복리 실현이 가장 중심적인 자치로서 그 발전의 방향성을 제시하고 있다. 넷째, 주민의 복리는 그 달성도를 민주주의의 중요한 평가지표로 판단한다. 주민은 정당 선호도, 인물의 능력을 판단할 때 무의식적으로 스스로의 복리를 주요 판단 기준으로 삼게 된다.

한편, 주민 복리 실현의 가장 큰 장애는 중앙집권적 행정체제라고 할 수 있는데 선진국 사례에서도 정부의 재정적 · 행정적 통제로 인해 지방정부 스스로 문제를 해결하는 데 어려움을 겪고 있다. 주민의 완전한 복리 실현을 위해서는 그에 상응한 권력이양이 이뤄져야 하는데, 아직은 전반적으로 부족하며 발전하고 있는 과정이라고 평가된다.

### 3) 법적 근거 마련과 보완

지방자치단체의 지속적 발전은 중앙정부 및 모든 입법적 요소의 노력이 필요하고 이에 따른 법적 근거가 마련됨으로써 보장된다. 해외사례에서 보면 대부분의 국가는 헌법에 지방자치 및 분권 조항을 명시하고 있다. 그리고 하위법으로서 지방자치법을 마련하고 있는데, 이는 지방자치를 불가역적인 영역으로 만드는 조치라고 할 수 있다.

지방자치의 법적근거는 두 가지 방식으로 진행되는데, 중앙정부나 국회가 국민의 의견을 수렴하거나 지방자치의 개선을 위해 제기하는 top-down 방식과 지방의원이 주민의견을 수렴하여 조례를 제정할 필요성에 따라 그 조치를 마련하기 위해 법제정을 요구하는 bottom-up 방식이 있다. 이때 지방의원의 주민 복지 실현에 대한 정치적 의지와 해당 법의 실효성에 대한 전문적 식견은 매우 중요하다. 또한 해외사례가 보여주는 가장 중요한 고려사항은 중앙정부가 지방자치기구를 통제하거나 억제하려는 수단으로 법을 제정해서는 안 된다는 것이다. 따라서 법적 취지가 지방자치단체에 발전적이고 긍정적이어야 한다. 아울러 지방자치제가 계속 발전할 수 있도록 관련 요건을 점검하고 환경을 개선하는 방향으로 법제도가 보완되어야 할 것이다.

### 4) 최적의 규모와 수

해외 주요 사례의 지방자치 현황을 보면 모든 지방자치정부는 경쟁의 구조 안에서 통합되거나 분화되는 과정을 겪는다. 그 대표적인 사례가 스웨덴인데, 1919년에 2,500개였으나 현재는 313개로 축소되었다. 북아일랜드 또한 1973년 26개였다가 현재 11개로 축소되었다.

과연 어느 정도 규모가 적당한 것인가? 한 국가의 지방정부의 적정규모를 결정하는 가장 중요한 요소는 지방정부의 행정적 효율성과 예산의 범위라고 할 수 있다. 중앙정부와 지방정부의 행정 능력이 적절하게 미칠 수 있어야 지방정부가 활성화될 수 있으며, 주민의 복리 실현이 가능하다. 최근 미국과 유럽 등의 지역에서 파산하는 지방자치단체가 빈발하고 있으며, 국내에서도 지방자치단체의 부채가 심각한 수준에 이른 경우가 있다. 이러한 지방자치단체는 결국 통합 혹은 해체 대상이 될 수밖에 없다.

### 5) 핵심 주체 간 유기적 관계 형성

해외사례에서는 지방정부가 성공하려면 무엇보다 중앙정부, 지방자치단체, 의회, 주민 등 핵심 주체 간의 유기적 관계가 구축되어야 함을 보여주고 있다. 먼저 중앙정부는 지방자치단체에 대한 행정적 · 재정적 지원을 통해 지방자치단체의 보완적 역할을 담당하는 한편 지방자치단체에 대한 모니터링을 통해 문제의 심화를 예방할 수 있어야 한다.

지방자치단체는 권력이양의 수준을 선정하고 중앙정부와 조화를 이루면서 지역발전과 주민 복리를 실현해야 할 것이다. 지방의회는 중앙정부와 정치인들이 해당지역의 문제를 인지하고 정책에 반영시키는 노력을 해야 하며, 지방자치단체와의 관계를 유지하면서도 견제하는 역할에 충실해야 한다. 또한 주민과의 원활한 소통을 통해 민심을 제대로 파악하고 이를 지방자치단체 사무에 반영해야 한다. 주민은 지역민심을 형성하는 한편 지방자치 발전의 근간임을 인식하고 적극적으로 참여해야 한다.[20]

최근의 추세는 분권화 통합이 적절하게 이뤄지고는 있으나 여전히 마을 단위까지 자치기구가 형성되는 상황에서 적대적 관계보다는 협력적 관계가 유리하다. 특히 선진국 지방자치단체에도 전문성을 강화하기 위해 위원회 등이 형성되고 상위기관의 조정 역할이 강조되고 있는데, 개혁과 변화를 위해서는 지방자치단체 간의 유기적 관계, 상하 기구 간의 협력, 주민과의 원활한 소통이 중요하다.

주요 주체 간의 유기적 관계형성에 있어서 국가의 적절한 개입도 필

20) 최봉기, 『한국지방의회의 발전과 선진화』(대구: 계명대학교 출판부, 2012), pp. 16-18.

요한데, 해외에서는 국가의 개입(미국과 일본)과 권한이양 강화(스웨덴, 독일) 등 두 가지 현상이 동시에 시현되고 있어서 가장 적절한 상태를 규정하기는 어렵다.

### 6) 전문성 구축과 예산확보의 중요성

외국에서도 지방자치단체의 행정기관과 의원의 전문성이 강조되고 있다. 또한 적정한 예산의 확보, 즉 세수 비율의 확대는 지방자치단체 운용의 가장 중요한 이슈가 되고 있다. 지방자치단체 구성원은 중앙정부의 업무를 위임받아 해당 사무를 충분히 수행할 수 있어야 하는데, 관련 전문성이 부족할 경우 지방행정의 공백 및 혼란이 야기될 수 있다. 이러한 이유로 인해 관료 출신이 지방자치단체장 혹은 의원으로 진출하는 경우가 많은데, 특히 일본에서는 관료의 진출 비율이 높은 편이다.

지방의원은 법에 대한 해박한 지식을 바탕으로 지방자치단체를 감시하고 견제하는 역할을 수행해야 한다. 아울러 전문성과 도덕성을 겸비하는 것이 필요하며 정당과 개인의 이익에 얽매이지 않는 중립적인 입장을 견지해야 한다. 또한 지방정부의 예산확보 및 합리적인 운영은 지방정부의 발전은 물론 미래를 결정하는 핵심적인 요소다. 해외사례에서 보면 미국의 연방정부 · 도시정부, 일본의 지방정부가 예산 운용에 실패하여 파산하는 경우가 많다.

### 7) 기타

지방자치제의 가장 큰 걸림돌은 지방정부의 중앙정부에 대한 의존 및 중앙정부의 통제 관행이다. 지방자치와 관련하여 해외에서 가장 큰 쟁점이 바로 중앙정부의 권한 위임이다. 이는 민주주의 발전의 핵심인 주민의 참여를 보장하기 위한 것으로, 중앙정부의 일방적인 정책에 의해 주민의 복리추진이 저하되는 것을 예방하기 위함이다.

지방자치제는 아직 여러 가지 측면에서 취약점이 많다. 첫째, 지방자치제의 가장 큰 취약성은 지방정부의 중앙정부에 대한 의존도와 중앙정부의 통제 관행이다. 지방자치단체의 독립성 강화는 지방자치단체가 지향해야 할 대의 및 참여민주주의의 기본적 요건이라고 할 수 있다. 지방자치단체가 중앙정부보다는 주민에게 집중할 때 지방행정이 활성화될 수 있다. 스웨덴처럼 지방정부에 대한 권한이양이 잘 이뤄진 국가를 모범적 모델로 평가하고, 영국 및 일본 등 권한이양이 더딘 국가들을 후진적으로 평가하는 것도 권력이양의 정도가 지방자치단체 수준을 평가하는 중요한 척도이기 때문이다.

둘째, 지방정부가 성공하기 위해서는 예산확보 또는 언론의 활용을 통한 공감대 조성[21] 등도 매우 중요하다. 미국이나 호주 등도 중앙정부가 지방정부를 통제하기 위해 세수의 충분한 분배에 적극적이지 못하다. 지방정부가 충분한 예산을 확보하기 위해시는 중앙정부나 국민의 지속적인 관심이 중요하다.

셋째, 지방정부는 전 세계, 지역, 국가의 정치 · 경제 · 사회적 큰 변

21) 영국의 경우 예산 문제를 해결하는 데 언론의 역할이 부각되고 있으며, 언론이 공개적인 논의 및 여론을 주도한다. Giles Moss etc., pp. 287-298.

화에 취약하다. 전 세계적인 경기 침체는 지방정부의 경제를 뒤흔들 수 있으며, 전쟁이나 내전 등의 문제에 그대로 노출될 수밖에 없다. 특히 인구 격감 및 도시화 등으로 어느 순간 소멸의 위기를 겪는 지방정부가 속출하고 있다.

마지막으로는 전 세계적으로 표준화된 지방정부의 모델을 제시하기가 곤란하다는 점이다. 지방정부는 국가와 지역적 특성을 모두 내포한다. 또한 현재의 정치 · 경제 · 사회적 상황에 민감하게 영향을 받는다. 전 세계적으로 국가단위의 표준화가 불가능하므로 지방정부가 각각의 특성에 맞게 분화 · 발전되어야 하며, 중앙정부의 편의를 위해 획일화되는 것은 옳지 못하다. 따라서 지방정부는 지역 특성이나 환경에 맞는 발전목표를 수립하고 추진하는 것이 필요하다.

# IV

# 포천시 지방자치단체의 여건과 현황

1. 기본 여건: 지역 현황 및 주민 성향
2. 사무추진 여건: 국가 및 경기도 계획의 영향
3. 의정활동 여건과 의회활동 고려사항

# 1 기본 여건: 지역 현황 및 주민 성향

포천시는 2003년 도농복합시로 승격되었으며, 총 14개의 읍 · 면 · 동(1읍, 11면, 2동)[1]으로 구성되어 있다. 포천시는 〈표 4-1〉과 같이 삼한시대 이후 지역에 기반을 두고 발전해온 유서 깊은 도시다. '포천'의 의미는 물이 외부로부터 들어오는 것이 없고 나가기만 한다고 하여 '안을 포(抱)'와 '내 천(川)'으로 명명했다.

포천시는 경기도 북단에 위치하고 있으며, 동서 30.8㎞, 남북 47.9㎞, 총면적 826.5㎢에 달한다. 또한 경기도 양주시, 연천군, 가평군 그리고 강원도 철원군과 경계를 이루고 있으며, 해발 900여 미터에 이르는 험한 산과 한탄강 및 영평천 등 하천을 끼고 있다. 아울러 포천시는 대표적 접경지역으로서 관내에 다수의 군부대가 주둔하고 있어 이와 관련한 군사보호구역이 산재해 있으며, 휴전선과 근거리에 있어 군사지역이라는 이미지가 강하다. 포천시 인구는 2013년 기준 총 16만 7,916명으

1) 1읍: 소흘, 11면: 군내, 내촌, 가산, 신북, 창수, 영중, 일동, 이동, 영북, 관인, 화현, 2동: 포천, 선단으로 구성되어 있다.

〈표 4-1〉 포천시 연혁

| 시대 구분 | 명칭 변경 |
|---|---|
| 삼한 | 마한의 영향권 |
| 고구려 | 장수왕 6년, 마홀군 |
| 통일신라 | 견성군 → 청성군 |
| 고려 | 포주 → 포천군(성종 14년) → 양주로 이속 |
| 조선 | 포천군 → 영평군에 병합되었다가 분획 |
| 일제 | 포천, 12개 면 88개 리 |
| 해방 이후 | 포천군 구역 축소(10개 면, 67개 리) |
| 수복 이후 | 12개 면, 88개 리로 구성 |
| 1983년 | 13개 면, 89개 리로 구성 |
| 2003년 | 시 승격, 포천읍 → 포천동 · 선단동으로 분리, 14개 읍 · 면 · 동 |

로서 최근에는 인구 증감이 거의 없다. 포천시 인구구성의 특징은 타 도시지역에 비해 고령층이 많다는 점이며, 수도권에 위치하고 있어서 유동인구가 많다.

포천시는 약 70%가 농림지역이며, 도시지역과 공단 등이 약 30%를 차지하고 있는 대표적인 도농복합지역[3]이다. 공단 내에는 대기업보다는 약 1만 5,000개의 중 · 소규모 사업체가 있다. 교육시설은 대학 2개소, 전문대 1개소, 고등학교 7개소, 중학교 14개소, 초등학교 32개소 등

---

2) 포천시, 『2030 포천시 중장기 발전계획』, p. 9.

3) '도농복합지'란 도시지역과 농촌지역의 균형발전을 위해 1995년에 등장한 용어로, 경기도에 11개 도농복합시가 존재한다. 일반적으로 지역에는 산업활동의 입지가 활발하게 이뤄져 사업체 수가 증가하는데, 대체적으로 도시지역으로 경제활동 쏠림 현상이 발생한다. 포천시는 남양주시 및 용인시와 더불어 대표적으로 이러한 현상이 발생하고 있는데, 농촌지역에서 제조업, 숙박업 및 음식점업, 부동산 및 임대업이 증가하는 '농촌지역 성장형'으로 분류되고 있다. 손승호, "경기도 도농복합시의 경제공간 변화와 유형분류", 「한국경제지리학회지」, 제18권 제1호, 2015, pp. 45-59.

이 있다. 복지시설은 약 40여 개소가 있다. 의료기관은 114개이며, 의료인은 약 813명으로서 의료인 1인당 280여 명의 환자를 담당하고 있다. 이외에도 포천시에는 다양한 문화시설과 문화재, 체육시설이 있고, 약 72%의 상수도 보급률, 그리고 도로 포장률은 81%에 이른다.[4)]

포천시는 〈표 4-2〉와 같이 전반적으로 발전 속도가 더디거나 부족하다. 먼저, 도시기반 부문을 보면 포천시는 서울과 1시간 거리에 위치하고 있어서 주말이나 휴일이면 유입되는 차량으로 인해 혼잡이 초래되고 있다. 이에 비해 도시미관이나 도시화 등이 추진되고 있지 않아 도농복합도시이긴 하나 과거의 군 단위 지방자치단체로서의 이미지를 가지고 있다. 이에 대해 포천시민 또한 10~20년 전과 별반 다를 것이 없다는 의견을 내고 있다. 또한 도시계획 수립 전의 난개발과 인근 도시개발로 인한 소규모 공장 이주와 축산농가가 공존하는 상황으로 인해 도시의 체계적 발달이 지연되고 있다. 도로 및 교통 부문에서는 가장 큰 문제점으로 고속도로와 철도의 미비[5)]를 들 수 있다.

2017년 포천-구리고속도로가 완공될 예정이지만, 현재는 43번과 46번 도로에 의존하고 있어서 폭증하는 자동차의 증가를 수용하지 못하고 있으며, 생활수준의 저하는 물론이고 인구의 유입이 저조한 실정이다. 산업 및 경제 부문에서는 인프라의 미비와 수도권 정비법에 의해 대규모 기업을 유치하지 못하는 원인 등에 의해 발전이 정체되고 있다. 이와는 반대로 상대적으로 저렴한 지가 때문에 수도권에 신출하지 못하는 기업이 대거 진입하여 각종 오염 문제를 야기하고 있다. 또한 소규모 제

4) 포천시, 위의 책, pp. 9-30.

5) 철도는 철도계획 수립 시기에 포천시의 유교세력 및 향토민들이 지역의 미관보존과 보수적 태도로 인해 유입되지 못했는데, 현재는 절대 다수의 시민이 철도 유치를 희망하고 있다.

<표 4-2> 포천시의 부문별 현황 및 특징

| 분야 | 내용 |
|---|---|
| 도시기반 | - 서울과 1시간 이내 거리, 도로 미비로 주말/휴일 교통 혼잡<br>- 신읍동과 소흘읍 제외, 도시발달 미흡(비시가화 구역: 82.4%)<br>- 8,000여 개 공장 난립, 공장폐수와 축산농가 등으로 수질오염 |
| 도로 · 교통 | - 고속도로 부재, 일반국도 의존도 높음, 도로 의존율 증대<br>- 자동차 등록대수 연평균 4.3% 증가<br>- 광역 고속도로 및 철도망 체계 개선 예정 |
| 산업 · 경제 | - 고용증가율이 증대되고는 있으나 서비스사업 의존도 심화<br>- 산업단지 조성으로 외부 산업 유입 효과 기대<br>- 대형 상권 증가 불구, 지역민의 소비지출 유출 현상 지속<br>- 농업, 축산업, 특용작물 생산 등 다변화 추세 |
| 문화 · 관광 · 체육 | - 도농지역 특성상 문화시설 수요 증대 불구 기반 미흡<br>- 총 18개의 지방지정 문화재 산재, 유교 전통 보존<br>- 레저 인구 증가 불구, 체육시설의 다양성 부족<br>- 유 · 무형의 각종 문화적 자산과 '원석형' 인프라 풍성 |
| 복지 | - 복지 수요에 비해 복지 담당 공무원 현저히 부족<br>- 재정 자립도의 저조로 인해 복지 실행력 부족 |
| 교육 | - 고등교육기관의 양과 질적 경쟁력 저하로 지역인재 유출<br>- 농촌지역 교육 여건 악화, 평생학습 관심 증대 |
| 자연환경 | - 산림/임야가 전체의 70% 차지, 대지비율 2% 불과<br>- 수원은 풍부하나, 수질오염 악화 상황 |
| 생활환경 | - 아파트 건설 증대 불구 도시공원 조성률 미흡<br>- 상수도 보급률 72%, 낙후지역 등 하수도 보급률 미흡<br>- 하수/분뇨 처리시설 부족, 대기/토양 등 환경오염 악화 |
| 민군 관계 | - 단위부대/시설 등 다수의 군 건물 산재<br>- 군사보호구역이 행정구역의 29%에 도달 |
| 행 · 재정 | - 수도권과 지방을 잇는 중계 거점도시로 잠재력 보유<br>- 공무원 1인당 주민 208명으로 행정서비스는 보통 수준<br>- 재정자립도는 경기도 지방자치단체 중 하위 수준 |

조업이 대다수로서 지역경제 발전에 획기적인 도움을 주지 못하고 있다. 또한 도농복합지로서 농업 및 축산업의 비중이 여전한데, 특용작물 재배 등으로 농가 수입이 증대되는 것도 하나의 특징이라고 할 수 있다.

문화 · 관광 · 체육 부문에서는 주민의 웰빙 추구 추세에 따라 다양한 시설과 환경이 요구되고 있으나 시설이나 예산이 부족한 상태다. 포천지역에는 국가지정문화재 3개, 유형문화재, 민속자료 등 총 18개의 지정문화재 등이 있고 유교적 전통을 간직한 각종 시설이 보존되어 있다. 아울러 수려한 명산과 하천, 호수 등의 관광자원이 풍부하다. 이러한 모든 자원이 원석상태에서 관광자원으로 거듭나기 위해서는 다양한 개발계획과 예산이 소요되나 아직은 활용이 미흡한 상태다. 복지 부문에서는 시대적 트렌드인 복지에 대한 관심과 수요가 폭증하고 있으나 이를 담당할 인적자원과 예산이 부족한 점이 드러난 특징이라고 할 수 있다. 포천시는 재정자립도가 30%대에 머물고 있어서 정부 및 경기도의 지원이 필요한 실정이다. 교육 부문도 타 지역에 비해 열악한데, 특히 기초학력이 전국 하위권에 머물고 있고 대학진학률도 상대적으로 낮아 지역 내 우수인재가 타 지역으로 빠져나가고 있는 실정이다. 또한 광활한 지역 여건으로 인해 농촌지역에 대한 교육지원이 열악한데, 최근에는 대학 및 문화센터 등을 통한 평생교육의 열기가 증대되고 있다.

자연 및 생활환경 부문에서 아직은 풍족한 자연환경을 보존하고 있는 것이 특징이다. 산림이나 임야가 전체의 70%를 차지하며 대지비율이 2%에 불과하다. 또한 수자원은 풍부하나 무분별한 기업 유치와 공장 및 생활폐수와 축산오염, 하수 및 분뇨의 처리시설 부족, 대기 · 토양 · 수질 오염으로 인해 자연환경이 급격히 악화되고 있으며 생활환경도 개선되지 못하고 있다. 민군관계 부문에서는 포천시가 중부권 접경지역에 자리 잡고 있어서 다수의 군부대와 관련 시설이 산재해 있다. 이로 인해 군사보호구역에 따른 개발제한, 군 사격장의 소음 및 오발탄 피해, 지역 전체의 개발계획 차질 등의 영향을 받고 있다. 행정 및 재정 부문에서는 포천시가 거점 중계도시로 그 역할의 중요성이 부각된 반면에 행정적 및 재정적으로 여유가 없어서 그 역할에 충실하지 못하고 있다. 여타 지방자치단체와의 경쟁부문에서 크게 떨어지는 분야가 재정적인 분야로서 각종 개발과 발전의 동력을 만드는 데 제한을 받고 있다.

포천시의 주민성향은 어떠한가? 포천시 주민의 성향은 정치적 역동성과 주민 참여 등 지방자치제 발전의 중요한 동력인 바, 필자는 포천시 주민의 성향을 〈표 4-3〉과 같이 판단했다.

〈표 4-3〉 포천시 주민 성향 분석

| 주요 특징 | 강점 | 약점 |
| --- | --- | --- |
| 보수 · 유교적 성향,<br>지연 · 학연 · 혈연 중시 | - 주민 간 결속력<br>- 미풍양속 등 전통 중시<br>- 상호 인지 및 정보 공유<br>- 지역의식 확고 | - 변화에 둔감<br>- 상호 보호본능<br>- 연공서열 중시<br>- 이주민에 배타적<br>- 소수계층에 비우호적 |
| 접경 · 군사지역 장기 거주 | - 국가적 사안에 협조적<br>- 투철한 안보의식<br>- 민군 협력에 우호적 | - 피해 및 해결에 소극적<br>- 이익단체 활동 명분 제공 |

포천시 주민은 과거부터 유교적 성향이 강하고, 이로 인해 주민의 정치적 성향이 보수적이라는 평가를 받아왔다. 이러한 성향은 토착주민 간의 강한 고리를 형성하고 전통을 중시하며 상호 공경하는 문화를 만들어왔다. 따라서 토착민 간의 연대감이 강하다. 반면, 변화에 둔감하고 혁신적인 것에 다소 소극적이어서 전반적인 정치의식의 발전에는 미흡하다고 판단된다. 특히 다문화 등 이주민에 대해 배타적인데, 증가되는 이주민의 진출에 대한 거부감 때문인지는 아직 확인되지 않고 있다. 이러한 성향은 정치적으로 여성이나 젊은 층에게는 다소 불리할 것으로 평가

된다. 또한 포천시 주민은 접경 및 군사지역에 장기간 거주하고 있지만, 의외로 안보적 불안 및 경제적 피해에 내성을 가지고 있으며 국가적 정책에도 호의적이다. 최근에는 사격장 문제 등에 있어서 일부에서 목소리를 내고는 있지만, 주민의 전반적인 의견결집으로는 이어지지 못하는 실정이다. 종합적으로 보면 포천시 주민의 정치성향은 내적으로 강인하고 친정부적인 성향이며, 변화를 주도하기에는 다소 보수적이라고 결론지을 수 있다.

# 2
# 사무추진 여건: 국가 및 경기도 계획의 영향

포천시 지방자치단체 및 지방의회의 사무와 관련하여 상위기관의 계획이 미치는 영향력은 지대하다. 특히 국가계획을 시행하는 경우 지방자치단체 전반의 변화와 발전이 이뤄짐은 물론이며, 지방자치단체의 관련 계획 수립과 예산편성이 불가피하다. 또한 계획을 추진함에 있어서 지방자치단체 또는 주민과의 갈등이나 이견이 존재하므로 이를 해소하고 추진하는 데 있어서 지방의회의 역할이 매우 긴요하다. 이들 계획 중 포천시 의정활동에 영향을 미쳐왔거나 향후 영향을 미칠 계획은 〈표 4-4〉와 같다.

첫째, 국토해양부에서 2011년 1월 27일 공고한 제4차 국토종합계획 수정계획(2011-2020)[6] '대한민국의 새로운 도약을 위한 글로벌 녹색국토'를 기조로 수도권의 경쟁력 강화 및 계획적 성장관리를 추진하고 있다. 이 계획에서는 경쟁력 있는 통합국토, 지속 가능한 친환경국토, 품격

6) 대한민국 정부, 『제4차 국토종합계획 수정계획(2011-2020)』.

〈표 4-4〉 국가 및 경기도 관련 계획

| 구분 | 주요 내용 |
| --- | --- |
| 제4차 국토종합계획 수정계획<br>(2011-2020) | - 수도권 경쟁력 강화<br>- 전략거점 및 지식산업 클러스터 육성<br>- 다핵공간구조 형성과 낙후지역 지원 |
| 제4차 국가환경종합계획<br>(2016-2035) | - 사람과 자연의 조화, 안심사회, 국격 차원의 환경 조성<br>- 한강수도권의 동북아 환경 및 경제 중심지역화 |
| 제3차 수도권정비계획<br>(2006-2020) | - 선진국 수준의 수도권 정비<br>- 성장관리 기반 구축, 지방발전 주도<br>- 수도권 주민의 삶의 질 개선 |
| 제3차 관광개발기본계획<br>(2012-2021) | - 녹색한국을 선도하는 품격 있는 선진관광<br>- 창조 · 녹색 · 생활 · 공정 · 경제 관광 추구 |
| 접경지역발전종합계획<br>(2011-2030) | - 한반도 중심의 생태 · 평화벨트 조성<br>- 접경지역 이용 극대화, 교통인프라 구축 |
| 경기비전 2040 | - 지역국가형 지방정부 실현<br>- 지방정부 기능 및 재정 강화 |

있는 매력국토, 세계로 향한 열린 국토 등 4개 목표를 설정하고 이에 따른 6개 추진전략을 설정하고 있다. 포천시와 관련된 내용은 수도권의 발전 방향에 포함되어 있는데, '수도권을 동아시아 중심 대도시권'으로 육성한다는 비전을 세우고 있다. 세부 과제는 전략거점 및 지식산업 클러스터 육성, 국제물류인프라 구축 및 교통인프라 기능 확충, 다핵공간구조 형성과 낙후지역 지원, 친환경적 도시 정비 및 관광경쟁력 강화, 수도권의 광역행정 협조체제 구축 및 권역 간 협력 강화 등이다.

둘째, 환경부에서 2015년 12월 공고한 제4차 국가환경종합계획[7]은 '자연과 더불어, 안전하게, 모두가 누리는 환경행복'을 기조로 국가환경

7) 관계부처 합동, 『제4차 국가환경종합계획(2016-2035)』.

계획에 따른 분야별, 지방자치단체별, 타 기관과의 환경계획에 대한 원칙을 제공하고 있다. 이에 따라 풍요롭고 조화로운 자연과 사람, 환경위험으로부터 자유로운 안심사회, 국격에 맞는 지속 가능한 환경이라는 3대 목표를 설정하고 총 7개의 추진전략과 30개의 과제를 설정하고 있다. 이러한 과제는 환경부, 국토부, 산업부, 교육부 등이 협력하여 추진해야 할 과제로서 지방자치단체는 세부과제에 따른 추진계획을 수립하도록 되어 있다.

셋째, 건설교통부에서 2006년 7월 25일 공고한 제3차 수도권정비계

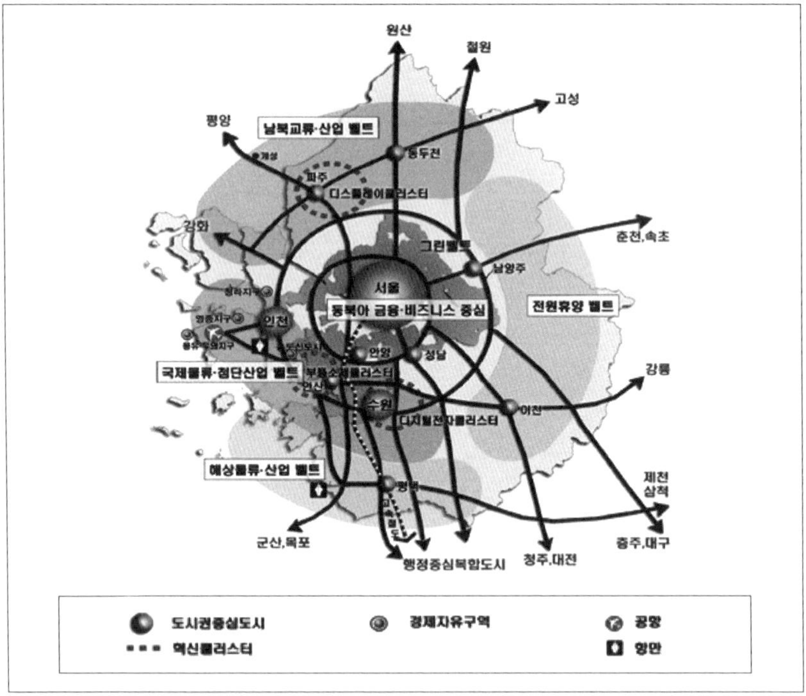


[그림 4-1] 제3차 수도권정비계획 종합 구상도[8)]

8) 건설교통부, 『제3차 수도권정비계획(2006-2020)』, p. 50.

획[9]은 수도권정비계획법 제4조의 규정에 의해 추진되고 있는 바, 포천시의 사무에 가장 큰 영향을 끼치는 상위계획이다. 수도권정비계획은 〔그림 4-1〕과 같이 기본방향, 인구 및 산업의 배치, 권역의 구분 및 정비방향, 광역시설의 정비 등 기본사항을 정하는 장기 종합계획인데, 이 계획과 부합되지 않는 토지이용계획 또는 각종 개발계획 등을 수립 · 시행할 수 없다. 이 계획은 선진국 수준의 삶의 질을 갖춘 수도권으로 정비, 지속 가능한 성장관리기반 구축, 지방과 더불어 발전하는 수도권 구현, 동북아 경제중심지로서의 경쟁력 있는 수도권 형성이라는 4대 목표하에 수도권 인구 안정화, 수도권 주민의 삶의 질 개선, 수도권의 경쟁력 강화, 수도권 규제의 합리적 개선 등의 추진전략을 설정하고 있다. 하지만 포천시는 경기북부지역, 성장관리권역, 원거리 택지 공급지역, 혹은 제외지역 등으로 분류되어 토지이용 및 개발에 제한을 받고 있는 실정이다.

넷째, 문화체육관광부에서 2011년 12월 공고한 제3차 관광개발기본계획[10]이다. 이 계획은 '글로벌 녹색한국을 선도하는 품격 있는 선진관광'이라는 비전에 따라 창조관광, 녹색관광, 생활관광, 공정관광, 경제관광의 5개 목표와 품격관광을 실현하는 관광개발정책 효율화, 미래환경에 대응한 명품 관광자원 확충, 문화를 통한 품격 있는 한국형 창조관광 육성, 국민이 행복한 생활관광 환경 조성, 저탄소 녹색성장을 선도하는 지속 가능한 관광 확산, 관광경쟁력 제고를 위한 국제협력 강화 등 6대 개발전략을 설정하고 있다. 포천시는 수도권의 한반도 평화생태 관광벨트 및 접경지역 · 내륙 관광벨트에 포함되어 투자재원조달, 정책효율화, 관광자원 확충, 조례 개선 등을 추진해왔다.

---

9) 건설교통부, 위의 책.

10) 문화체육관광부, 『제3차 관광개발기본계획(2012-2020)』.

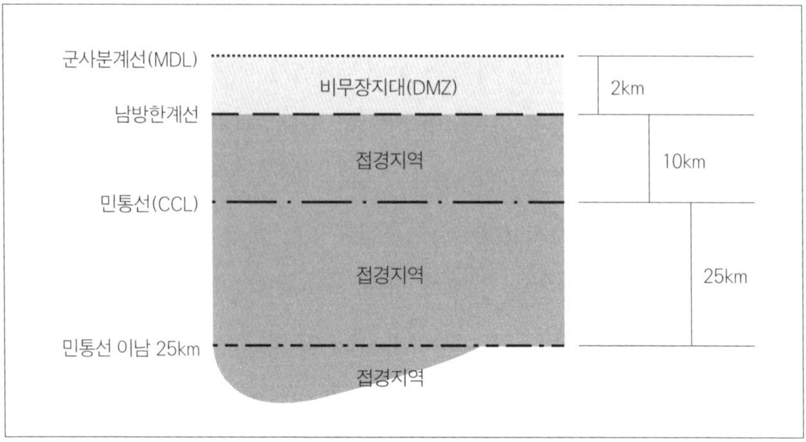


[그림 4-2] 접경지역 표시도

다섯째, 안전행정부에서 2011년 7월 공고한 접경지역발전종합계획[11]이다. 접경지역은 〔그림 4-2〕와 같이 비무장지대 또는 해상의 북방한계선과 잇닿아 있는 시 · 군과 민간인 통제선 이남의 지역 중 민간인 통제선과의 거리 및 지리적 여건 등을 기준으로 정하는 시 · 군, 그리고 비무장지대 내 집단취락지역을 의미한다.

접경지역은 군사적 긴장과 각종 규제로 인해 토지활용에 상당한 제약이 발생하는 지역으로서 규제완화와 산업기반 확충, 지역 간 교류증대가 필요하다. 이에 따라 이 계획에서는 접경지역을 '한반도 중심의 생태 · 평화벨트(Eco-Peace Belt) 육성'이라는 비전을 내걸고 접경지역의 이용 가치 극대화, 신성장 동력 육성, 남북교류 및 국제평화 거점 동력이라는 목표를 설정하고 생태관광벨트 육성, 저탄소 녹색성장지역 조성, 동서 · 남북 간 교통인프라 구축, 세계평화협력의 상징 공간 조성, 접경특화발전

11) 안전행정부, 『접경지역발전종합계획(2011-2030)』.

지구 조성 등 5개 전략을 제시했다. 이에 따라 포천시는 투자재원을 마련하고 협력적 거버넌스 구축, 군사시설의 보전 및 보안대책, 지가 안정 및 난개발 방지대책 등을 추진해오고 있다.

마지막으로 경기도 산하기관인 경기연구원이 2015년 12월 고지한 '경기비전 2040'[12]이다. 이 계획은 '지역국가형 지방정부 실현'이라는 비전을 내세우고, 지방정부 기능 강화와 지방정부 재정 강화의 2대 목표를 설정했다. 아울러 중앙과 지방 간의 기능 배분을 통한 차등분권 강화, 재원확충을 통한 재정자주권 강화, 중앙과 지방 간 상생 협력체계 구축 등 전략을 설정하고 있다. 부문별 과제로 글로벌 혁신경제, 생태계 허브, 공동체 복원을 통한 사회통합과 복지공동체 형성, 교육혁신 및 문화 확산을 통한 창의사회 실현, 경쟁력 있는 도시 및 건강한 도농 공동체 형성, 미래교통허브, 자연과 인간이 공생하는 사회, 남북경제통합의 거점지대 조성, 지역국가형 지방정부 실현을 추진하고자 한다.

12) 경기연구원, 『경기비전 2040』.

# 3
# 의정활동 여건과 의회활동 고려사항

포천시의 제반 여건과 상위계획을 분석한 결과 〈표 4-5〉와 같이 포천시 의회의 역할이 매우 중요하고, 의원들의 다각적인 활동이 요구되는 것으로 판단되었다. 첫째, 포천시는 삼한시대부터 자리 잡은 거주지로서 그 역사가 유구하고 자원이 풍부하다는 특징이 있다. 이러한 오랜 역사는 포천시민의 자부심이며, 전통 그 자체로서 가치가 있다. 더욱이 한국전쟁 전에는 북한지역에 포함되었다가 전쟁을 통해 수복된 지역이 상당수 포함되어 있어 민족분단의 아픔을 간직한 곳이기도 하다. 또한 지역이 넓다 보니 접경지역에 있으면서도 수도권에 포함되어 있어 지역적 정체성이 애매하다. 따라서 포천시 의회는 항시 지역적 특성과 가치를 염두에 두고 지역발전을 도모해야 할 것이다. 동시에 의원의 활동 영역 증대가 불가피하며 업무영역이 광대함을 의미한다. 포천시 의원은 지역적 특성의 불리함을 극복하고 이를 중앙정치에 인식시키고 정책의 우선순위를 높이는 노력을 지속적으로 전개해야 한다.

둘째, 포천시 주민의 정서는 역사적 전통을 이어온 유교 및 보수적

〈표 4-5〉 포천시 의정활동 여건과 의회활동 고려사항

| 주요 내용 | 고려사항 |
|---|---|
| ① 천연적 조건<br>- 유구한 역사와 수복지역의 경험<br>- 광활한 지역과 무한자원 보유<br>- 수도권 연계 | - 지역적 특성에 맞는 의정활동 전개<br>- 의원의 업무영역 급증<br>- 지역적 불리함 극복 필요 |
| ② 지역민의 정서<br>- 유교/보수적 성향<br>- 지연 · 학연 · 혈연 중시<br>- 정치적 변화에 소극적 | - 지속적인 교육과 정책 홍보 필요<br>- 올바른 지역 정치의식 함양 필요<br>- 정치발전의 중요성 강조 |
| ③ 지역발전의 낙후성<br>- 고속도로 및 철도 부재<br>- 소규모 공장 난립/난개발<br>- 환경오염 심각<br>- 각종 기반시설 미비 | - 국가적 인프라 개선 주력<br>- 대규모 지역 투자 유치 필요<br>- 체계적인 지역 개발의 추진 |
| ④ 발전자원의 부족과 경쟁력 약화<br>- 재정자립도 하위수준<br>- 교육여건 및 행정지원 체제 미흡<br>- 고용여건 악화 | - 지방자치단체의 재정자립도 향상 촉구<br>- 국가/지방재원의 효율적 사용 독려<br>- 교육여건 개선 및 투자 증대 |
| ⑤ 상위계획의 제한/기회<br>- 수도권임에도 불구, 상대적 여건 불비<br>- 수정법에 의한 발전 제한<br>- 투자 우선순위에서 불리 | - 상위계획에 지방 발전계획 반영<br>- 상위법 제한 극복 노력 전개<br>- 지방 발전 재원확보 주력 |
| ⑥ 접경 · 군사지역의 특성<br>- 군사보호구역의 과다<br>- 안보불안 및 군사지역 이미지 | - 공유지의 활용 극대화<br>- 접경지역의 특성 활용 극대화 |

도시의 특성, 접경지역의 복잡성과 불안정성, 그리고 군사지역으로서의 안보 민감성 등이 반영되고 있다. 이러한 성향은 정치나 안보, 경제 등 분야별 사안에 대해 변화를 기피하고 급진적인 개혁에 소극적인 입장을 견지하는 것으로 비칠 수 있다. 또한 민주주의의 대표적 행위인 선거 등에 있어서 혈연 · 지연 · 학연 등을 중시하는 성향을 보인다. 지방정치의 발전을 위해서는 '개인의 이익보다는 지역과 국가를 먼저 생각하는' 주

민의 올바른 정치의식이 중요한 바, 의회 차원의 지속적인 교육과 정책 홍보 등의 노력이 필요하다. 특히 의원에게는 올바른 정치의식의 함양을 위해 솔선수범하는 노력이 요구된다.

셋째, 지역발전의 낙후성은 포천시 의원에게 부여된 가장 과중한 책무라고 할 수 있다. 주민자치의 가장 큰 목표가 주민의 복리 향상인데, 지역발전이 낙후됨에 따라 이와 같은 복리 실현은 당연히 어려움을 겪게 된다. 수도권의 어느 지역을 보더라도 고속도로와 철도가 없는 지역은 포천밖에 없다. 과거 국가의 철도계획을 추진할 때 포천의 유림에서 철도 유치를 '유교적 정서와 맞지 않는다'는 이유로 반대했다는 설이 있지만, 중부 접경지역의 중심지이며 경기도와 강원도를 연결하는 요충지라는 관점에서 보면 반드시 개선이 필요한 사안이다. 그동안 포천시는 수도권이면서도 지가가 저렴하여 소규모기업이 대규모로 유입되어 기존 축산농가의 수질오염 등에 부가하여 환경오염이 심각한 상황이다. 따라서 향후 체계적인 기업유치나 도시발전을 위한 의원의 노력이 필요하다.[13)]

넷째, 과연 포천은 충분히 발전할 수 있는 잠재력이 있는가? 광활한 지역과 풍부한 자연여건을 고려할 때 포천은 잠재력이 풍부하다. 그러나 이를 총체적인 발전 동력으로 이끌어낼 수 있는 제반 분야의 자원이 부족한 상태다. 재정자립도는 지속적인 향상이 필요하며,[14)] 지방인재의 유

---

13) 서울시와 경기도의 조례 내용을 보면 주민 복리를 위한 조례보다는 지방자치단체 구성 및 조직을 위한 조례가 많은 것으로 조사된 바, 의원들이 조례제정의 방향성을 제대로 설정하고 노력하는 것이 필요하다. 박윤희, pp. 85-103.

14) 지방자치단체의 재정건전성 확보, 즉 자주재원을 확보하기 위해서는 지방세수의 확대, 세외수입의 확대, 중앙정부의 역할 제고, 자치단체의 역할 강화 등이 요구되는데, 이러한 노력이 전반적으로 부진하여 발생한 것으로 판단된다. 박완규, pp. 137-162.

출을 막는 교육환경의 개선, 고용향상을 통한 주민의 소득 증대 등을 위한 의회의 정책적인 노력과 장기적인 관점에서의 활동이 요구된다.[15)]

다섯째, 전술한 바와 같이 포천시는 국토개발, 국가적 관광자원 개발, 환경보호, 접경지역 개발, 수도권 정비 등 국가적 계획과 '경기비전 2040'에 따른 상위계획을 지방자치단체 차원에서 실행해야 할 상황에 직면해 있다. 이러한 계획으로 인해 포천시의 지역적 특성과 재원을 고려한 지역발전계획 추진이 제한되거나 지역적 여건이 충분히 고려되지 않을 수 있다. 따라서 의회는 지역발전을 위한 노력이나 재원 마련, 혹은 주민의 의견수렴 과정에서 어려움을 해소하고 갈등이 촉발되지 않도록 많은 노력을 기울여야 한다.

마지막으로 접경지역 및 군사지역의 특성은 의원들의 전문성 강화를 요구하는 분야다. 의원들은 접경지역의 특성과 통일 이후를 고려한 정책개발 능력을 갖춰야 할 것이다. 특히, 군에 대한 이해와 군사보호구역 혹은 사격장 문제 등 다양한 민원에 대처할 수 있는 능력을 견지해야 할 것이다.

15) 일반적으로 재정자립도는 지방의원의 활동욕구를 증대시키며, 의정활동의 중요성을 인식시키는 중요한 요소로 평가된다. 임헌만, "기초의회와 자치단체장의 정책역할에 관한 연구", 「한국행정논집」, 제18권 제2호, pp. 397-423.

# V

# 포천시의회의 기본구성과 운영

# 1
# 포천시의회 연원과 구성

포천시의회는 〈표 5-1〉과 같이 자유당 및 민주당 시절에는 포천군 4개 면, 수복 후에는 12개 면 면장선거를 통해 의회활동을 전개했으나, 면단위로 의회가 구성되어 의장 및 부의장을 선출하고 조례제정 및 운영 규정 등을 만들어 면 차원의 자치를 실시했다.[1] 1960년 민주당 시절에는 도의회를 구성하여 운영하기도 했으나, 부패가 만연한 상황에서 5.16 군사정변을 맞게 되어 지방자치가 중단되었다가 약 30년 후인 1991년 3월 26일 비로소 초대 포천군의회가 출범했으며, 현재의 4대 시의회에 이르고 있다.

---

1) 포천군의회 초대 사무국장 인터뷰(2016년 4월 15일)를 통해 구전되어온 상황을 확인했으며, 관련 내용은 포천군지(1984년 이후 발행)에 일부 기록되어 있다.

<표 5-1> 포천시(군) 의회 연혁

| 구분 | 내용 |
|---|---|
| 1956년 8월 | 4개 면 면장 4명 및 의원 138명 선출 |
| 1960년 12월 | 12개 면 면장 및 의원 138명 선출 |
| 1991년 3월 | 초대 포천군 의원 14명 선출 |
| 1995년 6월 | 2대 포천군 의원 14명 선출 |
| 1998년 6월 | 3대 포천군 의원 13명 선출 |
| 2002년 6월 | 4대 포천군 의원 14명 선출 |
| 2003년 10월 | '포천시의회'로 개칭하여 개원 |
| 2006년 5월 | 2대 포천시 의원 14명 선출 |
| 2010년 6월 | 3대 포천시 의원 8명 선출 |
| 2014년 6월 | 4대 포천시 의원 8명 선출 |

선출된 의원의 임기는 4년이다. 현재의 선거구 기준으로 볼 때 가선거구(군내면, 포천동, 선단동), 나선거구(신북면, 창수면, 영중면, 영북면, 관인면), 다선거구(소흘읍, 내촌면, 가산면, 일동면, 이동면, 화현면)의 총 3개 선거구와 비례대표가 있다.

포천시의회는 〔그림 5-1〕과 같이 의장과 부의장이 있으며, 운영위원회와 상임위원회,[2] 필요 시 구성되는 특별위원회가 있다. 운영위원회는 상설 전문위원을 운영하며, 특별위원회는 위원장이 전문위원을 편성하여 운영할 수 있다. 의회사무과장은 다른 전문위원과 마찬가지로 지방자치단체장이 인사권[3]을 가지고 있으며, 소속된 팀들도 지방자치단체의 통제하에 의회 업무를 지원한다. 의장과 부의장은 의원들의 무기명투표로

2) 포천시의 경우는 상임위원회를 운영하지 않는데, 상임위원회는 특히 각 분야별 전문성이 요구된다. 김영하, pp. 91-128.

3) 지방자치단체장이 의회사무국 등의 인사권을 가짐으로써 지방의회의 의정활동을 저해하고 있으므로 의회가 인사권을 갖는 것이 바람직하다. 최봉기 외, pp. 187-210.

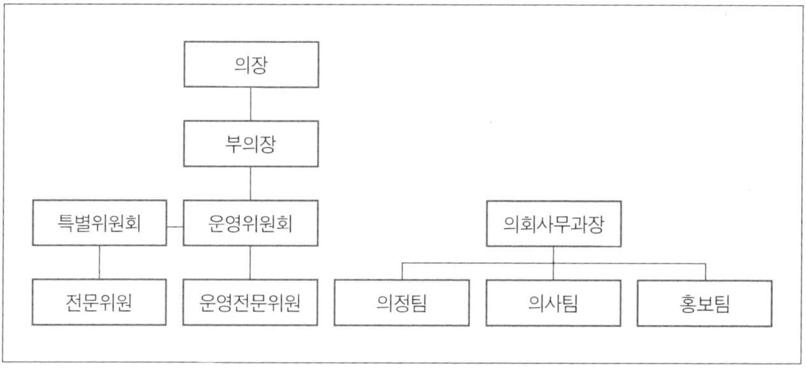


[그림 5-1] 포천시의회 조직 및 구성

선출하는데, 제적의원 과반수의 출석과 출석의원 과반수의 득표를 얻어야 한다. 임기는 2년이며 의회의 대표권, 의사정리권, 질서유지권, 사무감독권을 갖는다. 의회사무과[4]의 세부 편제는 〈표 5-2〉와 같다.

〈표 5-2〉 포천시의회 사무과 편제

| 구분 | 계 | 일반직 | | | | | 무기계약 | 기간제 근로자 |
|---|---|---|---|---|---|---|---|---|
| | | 5급 | 6급 | 7급 | 8급 | 9급 | 속기 | |
| 계 | 19 | 2 | 5 | 5 | 1 | 1 | 2 | 2 |
| 전문위원실 | 4 | 1 | 1 | 1 | | | | 1 |
| 의정 | 8 | 1 | 2 | 2 | | 1 | | 1 |
| 의사 | 4 | | 1 | 1 | | | 2 | |
| 홍보 | 3 | | 1 | 1 | 1 | | | |

4) 의회사무기구의 형태는 설치기준에 따르고 있는데, 의회사무처는 특별시, 광역시, 특별자치시도, 특별자치도에, 의회사무국은 지방의원 정수가 10인 이상인 시 및 자치구에, 군 및 지방의원 정수가 10인 미만인 시 및 자치구에 설치된다.

한편, 포천시의회의 운영은 회의 원칙, 정족수, 발언제도, 표결제도 등에 따른다. 먼저 회의 원칙에는 의회의 회의를 공개하며, 방청의 자유, 회의의 기록 공표, 보도의 자유 등을 보장하는 회의 공개 원칙이 있다. 둘째, 회기계속 원칙은 의회에 제출된 조례안, 기타 의안 등은 회기 중에 의결되지 못한 이유로 폐기되지 않는다는 것인데, 이는 의회의 회기는 임기 중에 일체성을 갖는다는 것을 의미한다. 셋째, 일사부재의의 원칙은 부결된 안건을 회기 중에 다시 발의 또는 제출하지 못하는 것을 말하며, 의사방해를 예방하는 데 그 목적이 있다.

정족수는 의사정족수와 의결정족수가 있는데 의사정족수는 회의를 여는 데 필요한 최소한의 출석의원수이며, 의결정족수는 의결을 하는 데 필요한 출석자의 법정수를 말한다. 의결정족수는 다시 일반정족수와 특별정족수로 구분하는데, 일반정족수는 특별한 규정이 없는 한 재적의원 과반수의 출석과 출석의원 과반수가 필요하다. 특별정족수는 의원의 제명, 의원자격상실 결정에는 재적의원 3분의 2 이상의 찬성, 의장과 부의장의 불신임 의결에는 재적의원 과반수의 찬성, 조례안의 재의결에는 재적의원 과반수의 출석과 출석의원 3분의 2 이상의 찬성이 있어야 한다.

발언제도에는 시정질문, 의사진행발언, 신상발언 등이 있다. 시정질문은 본회의 회기 중에 기간을 정하여 시정 전반 혹은 시정의 특정분야를 대상으로 시장 등 관계 공무원에 대해 질문하는 것으로, 의원별 20분으로 제한한다. 원활한 진행을 위해 의원은 질문요지서를 질문시간 48시간까지 집행부에 도착하도록 해야 한다. 의사진행발언은 회의 진행 과정에서 회의 진행방법 등에 대해 의견을 개진하는 것으로, 회의 방해 우려가 있으므로 발언요지를 의장에게 미리 통보하도록 하고 있다. 신상 발언은 의원이 본인의 일신상의 문제에 대해 발언하는 것으로 피심의원,

윤리심사 및 징계 시 변명할 때는 그 안건이 의제가 되었을 때 발언할 수 있다.

표결제도는 민주주의의 가장 중심이 되는 행위로서 시의회에서는 의장의 요구에 따라 의원이 안건에 대한 찬성과 반대의 의사를 표명하고 그 결과를 수로 집계하는 것을 의미한다. 표결의 기본 원칙에는 의원이 회의장에 없을 때 표결에 참가할 수 없는 부재의원의 표결 불참, 표시한 의사를 변경할 수 없는 의사변경의 금지, 표결에 있어서 조건을 붙이지 않는 조건부 표결의 금지 등이 있다. 표결방법은 의원의 성명을 기재하는 기명투표와 안건의 가부만 기재하는 무기명 투표가 있다. 한편, 표결제도이나 표결을 생략하는 이의유무확인이 있는데, 의장이 간단하고 경미한 사안의 신속성과 명확성을 기하기 위해 이의 유무를 묻고 가결되었음을 선포하는 제도다.

포천시의회의 권한은 지방자치법에 명시된 바와 같이 입법, 제정, 일반시정에 관한 권한으로 구분된다. 먼저 입법의 대표적인 행위는 조례제정 및 개정으로서 지방자치에 있어서 조례제정은 모든 행정작용의 근거이며, 의회의 가장 중요한 권한이다. 의회는 조례제정에 있어서 법령의 범위와 위임에 따른다. 조례는 재적의원 5분의 1 이상과 시장에 의해 제안이 가능하다. 의결은 재적의원 과반수 출석과 출석의원 과반수의 찬성이 필요하다. 구체적 의결 절차는 제안 → 소관 상임위원회 심사 → 본회의 심의 · 의결 → 시장 이송 → 공포 등을 거친다.

재정에 관한 권한은 예산안 심의와 결산심사 그리고 기타 권한을 들 수 있는데, 예산안 심의는 지방자치의 세입과 세출을 회계연도별로 심사하는 것으로서 주민의 의사를 반영하고 지방자치의 재정작용을 통제하며 그 실효성과 질을 향상시키는 기능을 수행한다. 결산심사는 지방자치단체의 수입과 지출의 실적을 확정적인 계수로 표시하는 것으로, 정치적 책임을 밝히고 개정계획과 운영에 필요한 중요한 자료가 될 수 있다. 이외에도 회계연도를 초과(5년의 범위 내)하여 의결해야 하는 계속비 의결, 총액에 대해서만 의회의결을 얻고 구체적 지출에 대해 다음 연도에 의회의 승인을 얻는 예비비 지출 승인, 지방자치단체가 발행하는 지방채 발행, 공익을 위해 필요한 경우 지방자치단체의 보증을 해주는 보증채무 의결 행위, 각종 채무부담에 대한 행위를 의결하는 지방자치단체의 부담이 될 계약체결 등에 대한 의결 등이 있다.

한편, 예산안 심의 및 확정은 시장이 제출한 내용에 대해 회계연도 개시 10일 전에 의결한다. 심의는 제출 → 소관 상임위원회 예비심사 → 예산결산특별위원회 심사 → 본회의 심사 → 시장 이송 → 고시 등을 거치는데, 이 과정에서는 시장의 동의 없이 증액 또는 세비목의 설치가 불가능하다. 결산 심의는 역시 시장이 제출한 내용에 대해 제1차 정례회의 회기 내에 의결해야 하며, 절차는 고시를 생략한 예산 심의 과정과 같다.

포천시의회는 그 대표적 규칙으로서 회의에 관한 자치법규가 2003년 10월 19일 포천시 1대 의회 시에 규칙 제3호로 공포되었다가 2008년 3월 26일 지방자치법 개정에 따라 일괄 개정된 규칙 제169호에 의해 그 중심 내용이 정해졌으며, 이후 6회의 개정을 통해 현재의 골격을 갖추게 되었다. 의회에 관한 내용은 총칙, 의장과 부의장, 회의, 위원회, 예산안과 결산심사, 시장 또는 관계공무원의 출석답변, 사직과 자격심사, 질서, 징계 등 9개 장 97개 조로 이뤄져 있다. 이외에도 〈표 5-3〉과 같이 관련 조례가 제정 · 개정되어 의정회 설치 및 육성, 공인, 사무기구 설치 및 직원 정수, 위원회, 윤리강령 및 윤리실천 규범, 의정활동비 지급, 자문위원회 설치 및 운영, 입법 및 법률 고문 운영, 포상, 행정사무감사 및 조

〈표 5-3〉 포천시의회의 조례 및 규칙의 주요 내용

| 구분 | 조례 · 규칙 명칭 | 주요 내용 |
|---|---|---|
| 조례 | 의정회 설치 및 육성 | 기능, 보조금, 운영 규정 |
| | 공인 | 직인의 종류, 모양, 관리 책임, 폐기 등 |
| | 사무기구 설치 및 정수 | 직무, 사무과장, 전문위원, 직원의 정수 등 |
| | 위원회 | 설치, 임기, 위원장, 특별위원회, 직무 등 |
| | 윤리강령 및 윤리실천 | 윤리강령준수, 품위유지, 기밀누설금지 등 |
| | 의정활동비 지급 | 지급기준, 여비기준, 종류 등 |
| | 의정발전자문위원회 | 설치 및 기능, 구성, 위촉, 해촉 등 |
| | 입법 및 법률고문 운영 | 위촉, 자문사항, 기간, 해촉 등 |
| | 포상 | 대상, 상장, 방법과 부상, 시기 등 |
| | 행정사무감사 및 조사 | 감사, 조사, 소위원회, 보조자 등 |
| | 회기운영 | 회의 일수, 집회, 심의 안건 등 |
| 규칙 | 공무국외여행 | 적용범위, 운영, 심사기준, 수당 등 |
| | 신분증 | 규격, 발급권자, 반납 등 |
| | 청원심사 | 제출, 회부와 심사, 진술 등 |
| | 회의 규칙 | 등록, 의석배정, 개폐선포, 결석 등 |
| | 직제 및 사무분장 | 사무과장, 전문위원 등 |

사, 관계공무원 등 총 11개의 조례와 공무국외여행, 신분증, 청원심사, 직제 및 사무분장 등 5개의 규칙이 있다.

마지막으로 포천시의회는 주민과의 소통을 위해 홈페이지를 개설하여 의회안내, 의원광장, 의회소식, 의정활동, 회의록 공개, 열린마당, 정보광장 등의 정보를 제공하고 있다. 홈페이지에서는 주민의 의견을 수렴하거나 민원을 접수하고 있으며, 연 2회 포천시 '의정소식'을 발간하여 의정활동을 홍보하고 있다. 또한 의원 개개인이 SNS를 활용하여 의정활동 주요 내용 및 성과를 홍보하고, 필요 시 주민의 동참을 유도한다. 의원들은 각종 유관기관과의 회의를 통해 현안을 파악하고 해결하는 동시에 간담회 등에서 주민의 의견을 수렴한다. 최근에는 포천시의회에서 '소금Day(소통하는 금요일)'를 정하여 전체 의원이 주민을 방문하여 소통하는 기회를 갖고 있다. 특히 주민참여예산제를 적극 활용하고 있는데,[5] 주민이 원하는 예산을 설문지 등을 이용하여 파악, 예산에 반영하는 활동을 의미한다.

---

5) 주민참여예산제는 참여민주주의와 숙의민주주의의 한 형태로서, 주민이 정책결정 과정에 참여함으로써 예산의 공공성을 높이는 활동이다. 이 제도는 지방자치단체를 운영하는 해외는 물론이고 우리나라 지방자치단체에서도 대부분 활용하고 있다. 주민참여예산제의 문제점은 열악한 지방재정을 고려하지 않을 때 주로 나타나기도 하는데, 지역실정을 고려하여 효과적으로 예산을 설계할 경우 주민의 참여의식을 증진하는 장점이 있다. 안성민 외, pp. 1-16.

## 2
# 포천시의회의 의정활동 분석

우리나라의 지방선거는 1949년 개정된 지방자치법과 12월의 개정법에 의해 1952년 4월과 5월에 서울특별시와 각 도 및 시 · 읍 · 면에서 실시되었다. 이때의 지방선거는 무리하게 강행되었는데, 한강 이북과 공비출몰로 치안이 혼란한 8개 면을 제외하고 여타 지역에서 실시되었다. 이는 자유당 정부가 정권을 연장할 목적으로 지지세력을 확보하기 위함이었다. 초대 지방의원 선거는 '막걸리 선거, 고무신 선거'로 불릴 정도로 혼탁한 양상의 불법 선거였으며, 그 결과 자유당이 압승했다. 그리고 1956년의 지방의원 선거에서도 자유당이 표를 몰아갔고, 1958년에는 시 · 읍 · 면장을 아예 직선제로 전환했으며, 자유당의 장기집권 도구로 전락하고 말았다.

1960년의 4.19혁명 이후에는 민주당이 집권하여 같은 해 12월에 지방의원 선거가 실시되었으며, 자유당의 부패로 인해 예산낭비와 비효율적인 행정이 일상화되었다. 이러한 초기의 지방의회는 1961년 5.16 군사정변 이후 중단되었으며, 국민의 민주주의에 대한 기대를 거스른 부정적인 민주주의 경험으로 기억되었다.

한편, 지방자치제가 부활하기까지는 우여곡절이 많았는데, 전두환 정부 시기에는 지방자치제의 실시 가능성을 언급했으나 미온적인 태도로 실현되지 않았고, 노태우 정부가 출범하면서 1988년 4월 6일 공표된 국회의원선거법 개정안에 그 내용이 포함되어 지방의회의 출범을 예고했다. 마침내 1991년 3월, 기초의회 의원 선거가 실시됨에 따라 포천군의회가 처음 개원하게 되었다.

이 절에서는 1991년 3월 이후의 포천시(군) 각 의회를 분석하고자 하며, 시대 상황 및 의정활동 환경, 각 의회의 특징, 그리고 주요 의정활동을 분석 대상으로 삼았다. 시대 상황 및 의정활동 환경은 모든 분야를 포함하는데, 기초의회인 포천시(군)의회가 당연히 영향을 받는 요소로서 의정활동을 평가하는 데 반드시 고려되어야 한다. 두 번째로 각각의 의회가 갖는 특징은 중앙정부의 사무위임과 각 지방자치단체의 발전 정도, 포천 주민의 정치의식 발전 정도에 따라 달라질 것이나, 그 차이가 크지 않을 것으로 판단된다. 그리고 각각의 의정활동은 실질적인 분야별 활동 내용과 성과를 기술할 것이다.

특히 시대 상황 중 몇 가지 국내외 상황은 불변적 요소로서 기초의회에 직간접적인 영향요소로 고려되어야 한다.[6] 이를 간략하게 고찰해 보면 먼저 세계수준의 국력과 강력한 군사력을 보유하고 있고, 지역 패권을 추구하는 주변 강대국에 둘러싸여 있는 국제적 환경은 우리나라 정치인들의 정치 및 안보의식에 항상 부담을 주고 있으며, 기회요인보다는

---

6) 지방자치는 정치적 요소와 불가분의 관계를 가지고 있으며, 지방의회는 국내외적 정치환경의 영향을 받는다. 특히 각 정부의 지방자치에 대한 입장 차이가 가장 큰 영향요소로 작용하며, 지방자치제의 활성화와 정체의 양 국면에 놓이게 된다. 박영강, pp. 1-19.

국가발전에 부정적인 요인으로 비치고 있다. 다음으로 남북분단 상황은 국내정치에 이데올로기적인 영향력이 지대하며 국민의 안보불안을 초래하는 상수로서 정치인들이 늘 언급하기도 하는 소재이면서도 정치발전에 부정적인 영향을 미치는 요소라고 할 수 있다. 마지막으로 분단 이후 축적된 우리의 정치풍토는 긍정적인 경험보다는 한국의 정치발전 비전을 실현하는 데 부담을 주는 요인이 많다. 그 내용을 요약하면, 정치발전의 낙후성, 안정적 정치발전 경험 부족, 중앙정부 중심의 정치, 일상의 정치 및 경제 문제 비중 심화, 국민의 민주역량 발전 필요, 헌법정신과 법 준수 미약, 장기간의 군사정권 폐해 잔존, 정당정치의 불안정, 재벌과 정치권, 정치권과 언론의 유착 잔존, 대결과 비생산적인 정치 행태 등이 그것이다.[7)]

7) 한배호, 『한국정치문화와 민주정치』(서울: 법문사, 2003), pp. 22-29; 한국정치학회, 『한국정치의 재성찰』(서울: 한울아카데미, 1996), pp. 41-136; 김상준 외, 『한국의 정치』(서울: 법문사, 1993), pp. 357-360; 김성진 외, 『한국현대정치사』(서울: 법문사, 1995), pp. 534-565.

## 가. 초대 포천군의회(1991. 4~1995. 6): 노태우 정부 1년 6개월/김영삼 정부 1년 6개월

### 1) 시대 상황 및 의정활동 환경[8)]

초대 포천군의회는 국내외적인 격변기를 맞이하여 가장 변화가 많은 시기에 개원되었다. 또한 개원 시기는 노태우 정부 및 김영삼 정부에 걸쳐 있어서 대한민국 정치사에서 군사정부에서 민간정부로 이양되는 시점에 있었으며, 변하지 않으려는 정부와 좀 더 많은 변화를 요구하는 국민 사이에서 갈등이 점증되었다. 노태우 정부는 비록 국민의 민주화 항쟁에 의해 6.29선언을 했지만 국민의 요구를 수용하기에는 한계가 있었으며, 김영삼 정부도 군사정부와의 정치적 타협을 통해 탄생하는 과정에서 일정 부분 보수의 목소리를 대변하다 보니 민주화의 성숙도가 부족한 편이었다.

이러한 정치적 여건을 고려한 포천군 초대 의회의 시대적 상황과 의정활동 환경은 〈표 5-4〉와 같다.

먼저 국내적 상황을 보면 노태우 정부가 1988년 초 언론 자유화를 통해 국내의 정치환경을 개선하고 서울올림픽 등을 통해 국가적 이미지 개선을 도모하는 긍정적 상황도 있었지만, 한편으로는 군사정부의 관성에 의해 범죄와의 전쟁을 강력히 시행하는 등의 양면적 모습이 표출된 시기였다. 노태우 정부는 1991년도에 장준하 등을 복권시켜 훈장을 추

8) 각 의회의 연도별 주요 상황은 위키피디아의 연도별 현황과 대통령 자료(한국어 위키백과)를 참고했으며, 중요한 사건은 다수의 언론자료를 참조했다.

〈표 5-4〉 초대 포천군의회 연도별 주요 상황(1991~1995년)

| 연도 | 국내 | 국외/대북 |
|---|---|---|
| 1991 | - 범죄와의 전쟁 지속('90. 10~)<br>- 윤보선 등 국가원로 예우(8월) | - 남북한 유엔 동시 가입(9월)<br>- 비핵화 공식 선언(11월)<br>- 남북고위급회담 |
| 1992 | - 노태우 대통령 민자당 탈당(8월)<br>- 경제적 고속 성장(연평균 8.5%) | - 한미정상회담(1월)<br>- 나진-선봉 공동개발 합의<br>- 한중 수교(8월) 등 북방외교 |
| 1993 | - 전교조 복직(10월)<br>- 율곡비리 조사(7월)<br>- 금융실명제 도입(8월)<br>- 금리의 2단계 자유화(11월) | - 임정요원 유해 송환 추진(8월)<br>- 북한의 NPT 탈퇴<br>- 우루과이라운드 협정(12월) |
| 1994 | - 운동권 출신 등 혁신세력 영입<br>- 3대 정치개혁법 서명(4월)<br>- 성수대교 붕괴, 아현동 가스폭발<br>- 정치자유화 바람 | - 김일성 사망(7월), 남북관계 악화<br>- 북미 간 제네바 합의(10월) |
| 1995 | - 두 전직 대통령 조사 | - 라오스, 키프로스와 수교 |

서하고, 윤보선 전 대통령을 국가원로로 예우하는 등 노력을 전개했으나 실질적인 국민통합에는 실패했다. 결국은 정치적으로 김영삼 대통령에게 정치적 리더십을 양보하고 민자당을 탈당함으로써 문민정부의 계기를 만들었다. 이 시기에는 88올림픽의 성공에 힘입어 경제적으로도 도약할 수 있는 시기였다. 김영삼 정부에 들어와서는 문민정부답게 전교조 복직, 율곡비리 조사, 진보세력 영입, 정치개혁법 시행 등 정치자유화 조치를 지속했고, 금융실명제 도입 및 금리자유화 시행 등 경제자유화 조치를 강행했다. 그러나 사회적으로 서해 페리호 침몰사고, 성수대교 붕괴, 아현동 도시가스 폭발사고 등 대형사고가 잇달았으며, 전두환 및 노태우 전 대통령에 대한 조사가 진행되는 정치적 과도기를 겪게 되었다.

대외적으로도 국내정치의 변화가 어느 정도 반영되어 획기적인 사건이 빈발했다. 1991년 9월에 남북한이 유엔에 동시 가입했으며, 같은 해 11월 노태우 대통령이 비핵화 선언을 했다. 그리고 남북고위급회담이 시작되어 남북한이 나진-선봉지구 공동개발에 합의하는 등 남북한 관계의 진전을 논의하기도 했다. 또한 노태우 정부의 북방외교에 의해 1992년 8월에는 한중수교가 이뤄졌다. 그러나 김영삼 정부에 들어와서 북방기조를 지속하기 어려운 상황이 전개되었는데, 북한이 NPT를 탈퇴함으로써 한반도에 핵 위기가 시작되었다. 1994년 7월의 김일성 사망도 남북관계의 진로에 영향을 미치는 큰 사건이었으며, 김정일의 세습 및 장기집권으로 이어졌다. 같은 해 10월의 북미 제네바 협정은 남한을 배제시키려는 북한의 통미봉남 전략이 반영된 것이었으며, 한반도의 평화를 위협하는 사건이기도 했다.

### 2) 의회의 특징

포천군 초대 의회는 우리나라 지방의회의 발전 과정에서 4대 의회에 해당하지만, 선거형태에 있어서는 지방자치단체장을 임명제로 하고 광역의원과 기초의원 선거를 별도로 진행했기 때문에 1995년 6월 선거부터 '1회 전국동시지방선거'로 부르며 형태를 구분한다. 1991년 3월 26일에 실시된 모든 자치구의 기초의원 선거는 총 4,304명을 뽑게 되었는데, 1만 120명이 후보로 나서서 2.4 : 1의 경쟁률을 보였다. 이처럼 경쟁률이 낮은 것은 자유당 정권의 부패로 인한 정치 무관심과 불신, 촉박한 선거일정, 주민의 지방자치단체에 대한 인식 부족, 그리고 유능한 인물들의 출마 기피 등에 기인했으며, 무투표지역이 43%에 이르고 투표율도

평균 55%로 과거(1988년의 13대 국회의원 선거 75.8%, 1987년의 대통령 선거 89.2%)에 비해 매우 저조했다. 이때도 '도저촌고(都低村高)' 현상이 두드러져 강원, 전남 · 북, 충남 · 북 지역의 투표율이 비교적 높았다. 당시에 약 73.8%의 당선자가 여당인 민자당과 여권성향의 인사였다.

4대 의회의 특징을 정리하면 그 의의로서 비록 참여도는 낮았지만 지방자치에 대한 국민의 의식이 형성되었고, 풀뿌리 민주주의의 토대를 다졌으며, 비교적 공명한 선거가 이뤄졌다는 점이다. 그리고 운영 과정에 있어서는 부족하고 미흡한 점이 많았는데, 지방자치법의 규제에 근거하여 지방의회 조례제정권의 범위가 지나치게 협소했으며, 지방공무원의 임용권이 제약되어 지방자치단체장의 행정기능 집행에 제약이 많았고, 지방의회가 지방자치단체장을 견제할 장치 또한 부족했다.

이러한 전국적인 현상은 포천군 초대 의회에도 동일하게 작용했을 것으로 평가되는데, 의정활동의 질과 양을 고려할 때 초보적인 형태의 의정활동을 전개한 점이 발견된다. 포천군의회 의원은 총 14명인데, 포천읍 2명, 나머지 12개 면에서 각 1명씩 선출되었다. 초대 포천군 의원의 성향을 보면 공무원 출신 2명, 민자당 및 민정당 가입 활동 4명, 친여권 활동 경력자 7명, 기타 1명 등으로 접경 및 군사지역의 특성을 그대로 반영하여 친여권 경향이 매우 강했으며, 지방자치에 대한 기대감이 반영되어 평균 학력도 매우 높아 대학교 및 대학원 이상이 11명, 고졸 이하가 3명이었다. 포천군의회를 지원하는 사무조직으로는 1개 계로 구성된 사무과가 존재했으며, 정원은 11명이었다.

### 3) 주요 의정활동[9)]

포천시 초대 의회는 비록 부여된 권한은 많지 않았으나 60일 및 1994년 3월 16일 지방자치법 개정에 의해 회기가 80일로 늘어난 때에도 회기일을 충족할 만큼 활발한 의정활동을 전개했으며, 〈표 5-5〉와 같이 총 8회의 정기회의와 27회의 임시회의를 개최했다.

정기회는 통상 연초 및 연말 2회에 걸쳐 개최되었는데 주 내용은 개회식, 본회의, 예산특별위원회, 내무위원회 그리고 행정사무감사특별위원회 등으로 구성되어 각각의 회의를 몇 차에 걸쳐 진행했다. 개회식에서는 국민의례, 윤리강령 등을 낭독했다. 본회의에서는 회기를 결정하고, 해당연도의 행정사무감사 실시 문제, 감사특별위원회 구성, 휴회 일

〈표 5-5〉 초대 포천군의회 본회의 운영 현황

| 구분 | 정기회 | | 임시회 | | 계 | |
|---|---|---|---|---|---|---|
| | 횟수 | 일수 | 횟수 | 일수 | 횟수 | 일수 |
| 1991년 | 1 | 30 | 6 | 30 | 7 | 60 |
| 1992년 | 1 | 30 | 5 | 30 | 6 | 60 |
| 1993년 | 1 | 30 | 5 | 30 | 6 | 60 |
| 1994년 | 1 | 33 | 6 | 47 | 7 | 80 |
| 1995년 | - | - | 5 | 26 | 5 | 26 |
| 계 | 4 | 123 | 27 | 163 | 31 | 286 |

9) 포천시(군)의회의 각 회기별 의정활동 내용은 포천시(군)에서 각 회기별로 발간한 『의정백서』 총 12권, 「의정소식지」 총 24권, 포천시의회 홈페이지(http://council.pcs21.net/bill/bill.php) 내의 의안 현황, 시정질문, 회기별 회의록과 전국시도의회의장협의회에서 발간하는 『지방의회 우수의정활동 사례집』 등을 참고했다.

〈표 5-6〉 초대 포천군의회 위원회 운영 현황

| 구분 | | 횟수 | 일수 |
|---|---|---|---|
| 상임위원회 | 운영위원회 | 10 | 12 |
| | 내무위원회 | 13 | 24 |
| | 산업 · 건설위원회 | 9 | 19 |
| 특별위원회 | 예산결산특별위원회 | 14 | 72 |
| | 청원심사특별위원회 | 2 | 11 |
| | 환경보호특별위원회 | 1 | 3 |
| | 감사준비특별위원회 | 3 | 1 |
| | 감사특별위원회 | 4 | 16 |
| | 조례정비특별위원회 | 2 | 9 |
| | 행정사무조사특별위원회 | 1 | 7 |

정 논의, 서명의원 선출, 군수의 연설, 군정보고, 예산편성 및 결산 문제, 예비비 문제, 조례안 상정, 관계 공무원 출석요구, 군정에 관한 질문, 각종 계획 승인 등을 취급하여 회기 전체의 업무 방향성을 제시했다. 또한 각 상임위원회 및 특별위원회에서는 소관업무에 대한 처리 방향을 정했다. 임시회는 상정된 조례, 계획 등 각종 안건을 추가로 다루는 회의로, 역시 본회의와 위원회의 활동으로 구성되었다.

포천군 초대 의회의 위원회는 〈표 5-6〉과 같이 운영, 내무, 산업 · 건설의 3개 상임위원회와 예산결산, 청원심사, 환경보호, 감사준비, 감사특별, 조례성비, 행정사무조사의 7개 특별위원회가 구성되어 활동했다.

각 위원회는 1~14회의 회의를 통해 해당 부서의 안건을 처리했다. 초대 의회는 이러한 회의 절차와 위원회의 활동, 그리고 개별 의원이 활발한 의정활동을 전개하여 〈표 5-7〉과 같이 조례처리 187건, 예산안 처

〈표 5-7〉 초대 포천군의회 안건처리 현황(단위: 건)

| 총계 | 조례 | | | | 예산안 | 예비비 승인 | 행정 사무 감사 | 청원 | 군정 질문 | 건의/ 결의 | 기타 |
|---|---|---|---|---|---|---|---|---|---|---|---|
| | 계 | 제정 | 개정 | 폐지 | | | | | | | |
| 398 | 187 | 38 | 129 | 20 | 17 | 7 | 4 | 3 | 12회 402 | 6 | 162 |

리 17건, 예비비 승인 7건, 행정사무감사 4건, 청원 3건, 군정질문 402건, 건의 및 결의 6건, 기타 162건의 안건을 처리했다. 여기서 청원이란 주민이 의원을 통해 문제를 제기하는 행위이며, 결의는 수명의 의원이 주로 예산문제에 관해 제기한 의안을 상정하는 절차를 말한다. 초대 의회의 주요 제정 조례에는 포천군 군립 어린이집 운영위탁(1993년), 포천군 의료보호기금 특별회계 설치 및 운영(1993년), 포천군보건진료소 설치(1993년) 등이 있고, 주요 건의에는 도세징수 교부율 조정(1994년), 수도권 전철 구간 연장(1995년) 등이 있다.

## 나. 2대 포천군의회(1995. 7~1998. 6): 김영삼 정부 2년 6개월/김대중 정부 6개월

### 1) 시대 상황 및 의정활동 환경

2대 포천군의회는 김영삼 정부의 2년 6개월과 김대중 정부의 6개월

이 중첩된 기간으로서 〈표 5-8〉과 같이 국내외적으로 가장 격변기적인 상황에서 출범했다. 김영삼 정부는 1995년 7월 군의 전력증강사업인 율곡사업에 대한 비리조사를 강력하게 밀어붙여서 군사정부의 잔재를 뿌리 뽑는 데 주력했으며, 같은 해 11월 5.17쿠데타와 관련하여 국민적 논란이 진행된 끝에 전두환 및 노태우 두 전직 대통령을 전격 구속했다. 또한 12월에는 5.18특별법을 제정하여 광주 민주화운동의 재평가를 실시함으로써 국민화합을 도모하고자 했다. 그러나 국민의 민주화에 대한 요구는 더욱 거셌다.

1996년의 노동법 및 안기부법 통과는 오히려 국민 분열을 초래했고, 같은 해 8월의 한총련 사태와 더불어 정국 혼란의 불씨를 만들었다. 이러한 혼란 사태는 1997년까지 계속되었으며, 국가의 제반 분야에서 과도기적 상황을 맞이했다. 이 시기에 가장 큰 사건은 경제난의 심화[10)]에 따른 IMF 사태였다. 이 사건은 경제활동의 중심지인 도시와 금융권 및 공업단지 등을 강타했고, 국격을 현저히 떨어뜨리는 심각한 문제를 야기했다. 그러나 농업도시인 포천군의 타격은 크지 않았다. 중장기적으로는 정부 재정악화에 따라 지방도시발전이 지연되어 재정악화가 야기된 측면도 있다.

김영삼 정부는 외환위기에도 불구하고 1998년 1월 아파트 분양 자율화조치를 실시했으며, 외환위기 문제를 떠안고 출범한 김대중 정부도 오히려 대대적인 민주화 조치 및 경제 자율화 정책을 추진했다. 김대중

10) 1997년 1월의 한보철강에 이어 7월 기아자동차의 연쇄 부도에 의해 경제위기가 고조된 바, 환율이 급상승했고, 종합주가지수가 400포인트까지 떨어졌다. IMF는 차관 지원조건으로 저성장 · 고실업을 요구했고, 이에 따라 금융 · 기업 · 노동 · 공공의 4대 분야에서 고강도 구조개혁이 이어졌다. 2001년 IMF 차관 195억 달러를 전액 상환함으로써 외환위기 사태가 마무리되었으나, 평생직장의 개념이 사라지고, 명예퇴직으로 수많은 중산층 가정이 몰락하는 결과를 초래했다.

<표 5-8> 2대 포천군의회 연도별 주요 상황(1995~1998년)

| 연도 | 국내 | 국외/대북 |
|---|---|---|
| 1995 | - 율곡비리 조사(7월)<br>- 5.17쿠데타 공소권 없음 결정(8월)<br>- 두 전직 대통령 전격 구속(11월)<br>- 5.18특별법 제정(12월) | - WTO체제 출범(1월)<br>- 고베대지진(1월)<br>- NPT 체제 연장(5월)<br>- 대북 식량지원(6월)<br>- 독도 문제로 한일관계 악화(10월)<br>- 이스라엘 라빈 총리 피살(11월)<br>- 보스니아 내전 종료(12월) |
| 1996 | - '초등학교' 명칭 사용<br>- 한총련 사태(8월)<br>- 노동법 · 안기부법 통과, 정국 혼란<br>- 강릉잠수함 사건(9월) | - 한일 월드컵 공동개최 확정(5월)<br>- KEDO 추진 시작<br>- OECD 가입(12월) |
| 1997 | - 정국혼란 지속<br>- 한보사태(1월)<br>- 경제난 및 외환위기 시작<br>- 전직 대통령 사면(12월) | - 황장엽 망명(2월)<br>- IMF 사태 발생(12월) |
| 1998 | - 아파트 분양가 자율화 조치(1월)<br>- 햇볕정책 발표(2월)<br>- 2,300명 대사면 복권 단행(3월)<br>- 안기부장 권영해 조사(3월) | - 일, 한일어업협정 파기(1월)<br>- 인도네시아 수하르토 퇴진(5월) |

정부는 출범 직후인 3월 약 2,300명에 대한 대사면 복권을 단행했으며, 안기부장 권영해 등의 조사가 이뤄졌다. 2대 포천군의회 말기의 가장 핵심적인 사건은 김대중 정부의 햇볕정책 추진이라고 할 수 있다. 국외 및 대북 관련 사항으로서는 1995년 WTO(World Trade Organization)체제가 출범함으로써 국가 간의 경제적 개방과 경제국경의 약화 상황이 시작되었다. 또한 독도와 어업협정 등의 문제로 일본과의 관계가 복잡한 상황으로 전개된 것도 큰 특징이다. 대북관계에서는 햇볕정책이 시작되기 전 6자회담 진척에 따른 KEDO(Korean Peninsula Energy Development Organization)의 추진이 시작되었으며, 김대중 정부가 들어서면서 본격적인 대북 포용정책의 서

막이 오른 시기였다. 또한 황장엽 전 북한 국제비서의 국내 망명은 북한의 김정일 체제를 외부에 알리는 중요한 계기가 되었다.

### 2) 의회의 특징

포천군 2대 의회는 1995년 6월 27일 실시된 제1회 전국동시지방선거를 통해 기초 및 광역의회 의원, 그리고 기초 및 광역자치단체장을 선출하는 과정을 통해 구성되었다. 이는 김영삼 대통령이 유세에서 공약한 사항으로서 국민이 지방자치단체장을 직접 선출함으로써 지방자치단체장이 중앙정부의 눈치를 살피지 않고 민의를 수렴하는 정치가 가능했고, 또한 일관성 있는 정책을 펴나갈 수 있었다는 점에서 민주주의 발전에도 긍정적이었다고 평가된다.

제1회 광역의원 선거는 평균 2.7 : 1의 경쟁률을 보였고, 광역단체장 15명, 기초단체장 230명, 광역의원 875명, 그리고 기초의원 4,531명을 선출했으며, 투표율은 68.4%였다. 선거 결과 정당별로 지역주의가 여실히 드러났는데, 광역자치단체장은 여당인 민자당이 인천, 경기도, 부산, 경상남북도를, 야당인 민주당은 서울, 광주, 전라남북도를, 자민련은 강원도, 대전, 충청남북도를, 무소속이 대구와 제주도를 차지했다. 기초자치단체장도 지역주의에 기반을 둔 바, 민자당 69석, 민주당 84석, 자민련 24석, 그리고 무소속이 53석을 차지했다. 광역의원은 민자당 284석, 민주당 353석, 자민련 86석, 무소속 152석 등으로 분류되었다. 기초의원은 정당 공천을 하지 않았다.

포천군의회 선거는 14명의 의원을 선출하는 데 42명이 등록하여

3 : 1의 경쟁률을 보였다. 평균 연령은 49.9세였고, 직업별로는 농업 25명, 상업 9명, 정치 및 정당인 2명, 건설업 1명, 의사 1명, 기타 5명 등이었다. 학력별로는 고졸 이하 34명, 전문대 이상이 8명이었다. 포천군 투표율은 74.4%로 비교적 높은 편이었다. 선출된 14명의 의원은 3명이 재선의원이었고 11명이 초선이었으며, 직업별로는 농축산업 6명, 상업 4명, 우체국장 출신 2명, 수의사 1명, 기타 1명 등 다양한 인사로 구성되었다. 당선된 의원들이 내세운 공약도 최근과 크게 다르지 않았는데, 그 내용은 경기북도 신설, 지역발전, 중소기업 확대, 농촌개발 및 소득증대, 교통 및 환경 개선, 취약계층 지원, 여성 참여 확대, 주민과의 소통확대, 그리고 다양한 분야의 주민 복지 개선 등이었다.

또한 초대 의원과 마찬가지로 지역성향이 보수적인 관계로 2대 의원의 경력을 보면, 민자당 활동 전력 6명, 보수성향 활동 및 공직 출신 8명 등 대부분이 보수성향 출신 인사였다. 따라서 전국적인 지역기반의 분위기에 좌우되기보다는 여당의 국회의원 및 지방자치단체장과 더불어 의회 전체도 친여당적 성향일 것으로 평가되었다.

### 3) 주요 의정활동

2대 포천군의회는 80일로 늘어난 회기에 맞추어 활발한 의정활동을 전개했으며, 점차 기초의회의 틀을 갖춰가는 시기로 평가된다. 회의운영은 〈표 5-9〉와 같이 2대 포천군의회는 총 8회의 정기회의와 27회의 임시회의를 개최했다.

한편 포천군 2대 의회의 위원회는 〈표 5-10〉과 같이 운영, 내무, 산

〈표 5-9〉 2대 포천군의회 본회의 운영 현황

| 구분 | 정기회 | | 임시회 | | 계 | |
|---|---|---|---|---|---|---|
| | 횟수 | 일수 | 횟수 | 일수 | 횟수 | 일수 |
| 1995년 | 1 | 32 | 5 | 22 | 6 | 54 |
| 1996년 | 1 | 32 | 7 | 48 | 8 | 80 |
| 1997년 | - | - | 1 | 2 | 1 | 2 |
| 계 | 2 | 64 | 13 | 72 | 15 | 136 |

〈표 5-10〉 2대 포천군의회 위원회 운영 현황

| 구분 | | 횟수 | 일수 |
|---|---|---|---|
| 상임위원회 | 운영위원회 | 16 | 21 |
| | 내무위원회 | 15 | 37 |
| | 산업 · 건설위원회 | 15 | 32 |
| 특별위원회 | 예산결산특별위원회 | 6 | 21 |
| | 감사특별위원회 | 2 | 20 |
| | 행정사무조사특별위원회 | 2 | 10 |

업 · 건설의 3개 상임위원회와 예산결산, 감사특별, 행정사무조사의 3개 특별위원회가 구성되어 활동했다. 각 위원회는 2~16회의 회의를 실시하여 전반적인 사무와 특별위원회에 제기된 안건을 처리했다. 2대 의회는 다양한 종류의 회의와 상임 및 특별위원회의 활동, 그리고 개별 의원이 각자의 역할을 담당하여 활발한 의정활동을 전개한 결과 〈표 5-11〉과 같이 조례 89건, 예산안 8건, 예비비 승인 4건, 행정사무감사 2건, 군정질문 6회 202건, 건의 및 결의 5건, 기타 117건의 안건을 처리했다. 2대 의회의 활동은 초대 의회에 비해 활동기간이 짧아 전반적인 실적은 줄어들었다. 한편 2대 의회의 주요 활동내용을 살펴보면, 의정활동을 지원하

〈표 5-11〉 2대 포천군의회 안건처리 현황(단위: 건)

| 총계 | 조례 | | | | 예산안 | 예비비 승인 | 행정 사무 감사 | 청원 | 군정 질문 | 건의/ 결의 | 기타 |
|---|---|---|---|---|---|---|---|---|---|---|---|
| | 계 | 제정 | 개정 | 폐지 | | | | | | | |
| 231 | 89 | 20 | 65 | 4 | 8 | 4 | 2 | - | 6회 202 | 5 | 117 |

는 각종 수당을 신설하고, 지급기준을 설정하는 건의가 있었으며, 조례에는 중앙부처의 위임을 받은 행정사무, 지자체 및 의회의 행정 및 예산 기능 강화, 포천군 여성상, 농업인 지원 기금운영, 수해복구, 이동도서관 설치, 폐기물 관리 등이 있었고, 그 외에 월드컵유치를 위한 결의안 등이 있었는데, 주로 자치단체장이 발의한 안건이며, 의원이 발의한 안건은 11건에 불과했다.

## 다. 3대 포천군의회(1998. 7~2002. 6): 김대중 정부 4년

### 1) 시대 상황 및 의정활동 환경

3대 포천군의회는 김대중 정부 시기와 전 기간이 중첩되었다. 국내적으로 가장 큰 이슈는 외환위기 사태의 해결이었으며, 강력한 구조조정으로 인해 사회 전반의 경제적 어려움을 초래했고, 포천시 지역경제에도 많은 고통을 안겼다. 온 국민이 힘을 모아 노력한 결과 무역수지와 경상

〈표 5-12〉 3대 포천군의회 연도별 주요 상황(1998~2002년)

| 연도 | 국내 | 국외/대북 |
|---|---|---|
| 1998 | - 김 대통령, 제2건국 제창(8월)<br>- 금강산관광 시작(11월)<br>- 벤처특별법 개정<br>- 북한 잠수정 격침(12월) | - 북-현대, 금강산관광 합의(8월)<br>- 북, 대포동미사일 발사(8월)<br>- 김 대통령 방일(10월)<br>- 한일어업협정 체결(11월)<br>- 중, 장쩌민 방일(11월) |
| 1999 | - 제1 연평해전(6월)<br>- 한중국방회담 개최(8월)<br>- 대우 워크아웃(8월)<br>- 국민연금 적용 전 국민 확대<br>- 경제성장률 증가(9.5%) | - 이스라엘, 헤즈볼라 폭격(2월)<br>- 영 여왕 방한(4월)<br>- 북, NLL 무효 주장(9월)<br>- 동티모르 파견 결정(9월)<br>- 대일 문화 개방(9월)<br>- 정주영, 김정일 면담(10월) |
| 2000 | - 16대 총선(4월)<br>- 의약분업 본격 시행(7월)<br>- 재일 조총련 동포 고향방문(9월)<br>- 미사일 사거리 연장 가능(10월)<br>- 서해대교 개통(11월)<br>- 김 대통령, 노벨평화상 수상(12월) | - 푸틴 대통령 당선(3월)<br>- 남북정상회담(6월)<br>- 남북이산가족 상봉(8월)<br>- 남북 육로관광 합의(8월)<br>- 한미행정협정 개정(8월)<br>- 비전향 장기수 63명 송환(9월)<br>- 대북식량차관 공식발표(9월) |
| 2001 | - 여성부와 인권위 신설(1월)<br>- 인천공항 개항(3월)<br>- 벤처기업 1만 개 육박(6월)<br>- IMF 차입금 상환(8월)<br>- 전교조 집단 조퇴 · 집회(10월)<br>- 김 대통령, 총재직 사임(11월) | - 한국 MTCR 회원 가입(3월)<br>- 9.11테러사건<br>- 한-베트남 정상회담(8월)<br>- 한일정상회담(10월)<br>- 미, 아프가니스탄 공격(10월) |
| 2002 | - 철도 파업(2월)<br>- 월드컵 개최(5월)<br>- 제2 연평해전(6월)<br>- 효순 · 미순 양 사건(6월) | - EU, 유로화 공식 사용(1월)<br>- 미, 북 · 이란을 악의 축 명명(1월) |

수지에서 흑자를 기록하는 결과를 낳았지만, 그 과정은 험난했다.

이 기간에는 〈표 5-12〉와 같이 벤처특별법이 개정되고, 국민연금의 전 국민 적용, 의약분업의 시행에 따른 진통, 인권 문제의 획기적 전환, 여성우대정책 추진 등 다양한 이슈가 제기되어 정치적으로 많은 변화를 만들어냈다. 또한 전 세계의 이목을 국내에 집중시킨 월드컵 경기도 개최되었다.

한편, 김대중 정부에서 가장 큰 역점정책은 대북 포용정책으로서 국내의 주요 이슈가 남북관계를 중심으로 전개된 기간이기도 했다. 북한은 이 기간에 강릉잠수함 사건을 유발했고, 제1, 2차 연평해전을 도발했다. 북한과는 우여곡절 끝에 남북정상회담을 개최하고 개성공단 설립, 이산가족 상봉, 육로관광 합의 등 가시적 성과를 일궈냈지만, 북한의 진정한 변화를 이끌어내지 못한 데 대한 비판도 많았다. 국제적으로는 주변국과의 활발한 외교가 펼쳐지고 관계 개선 노력도 있었다. 그러나 국제정치의 획기적인 영향을 미친 사건은 9.11테러다. 이로 인해 미국이 아프가니스탄의 탈레반을 무차별 공격하는 등 전 세계적인 대테러 공격이 활발하게 전개된 시기였다.

### 2) 의회의 특징

포천군 3대 지방의회는 1998년 6월 4일 실시된 제2회 전국동시지방선거를 통해 선출된 의원으로 구성되었다. 이 선거에서는 광역단체장 16명, 기초단체장 232명, 광역의원 616명, 그리고 기초의원 3,489명을 선출했으며, 투표율은 52.7%였다.

당시 제1당은 김대중 대통령이 총재인 새정치국민회의였으며, 한나라당이 제2당, 그리고 자민련이 제3당이었다. 선거를 통해 새정치국민회의가 광역자치단체장 6석, 기초자치단체장 84석, 광역의원 271석을 얻었고, 한나라당은 광역자치단체장 6석, 기초자치단체장 74석, 광역의원 224석을 가져갔으며, 자민련은 광역자치단체장 4석, 기초자치단체장 29석, 광역의원 82석을 획득했다. 이때도 기초의원의 정당 공천은 없었다.

포천군 3대 의원은 13명을 뽑는 데 27명이 등록하여 2 : 1의 경쟁률을 보였으며, 입후보자의 평균연령은 50.4세였다. 직업별로는 농축산업 15명, 상업 7명, 기타 5명이며, 학력별로는 고졸 이하 20명, 전문대 이상 7명이었다. 당선자의 직업별 분포는 농축산업 8명, 상업 3명, 수의사 및 공인중개사 각 1명이었으며, 5명이 재선되었다. 당선자의 공약도 이전의 공약과 유사했다.

### 3) 주요 의정활동

3대 포천군의회는 2대 의회보다 증가된 활동 수치를 기록하며 지방의회가 점차 안정되어가는 모습을 보였다. 회의 운영은 〈표 5-13〉과 같

〈표 5-13〉 3대 포천군의회 본회의 운영 현황

| 구분 | 정기회 | | 임시회 | | 계 | |
|---|---|---|---|---|---|---|
| | 횟수 | 일수 | 횟수 | 일수 | 횟수 | 일수 |
| 1998년 | 1 | 34 | 4 | 31 | 5 | 65 |
| 1999년 | 1 | 30 | 6 | 50 | 7 | 80 |
| 2000년 | 2 | 31 | 6 | 49 | 8 | 80 |
| 2001년 | 2 | 34 | 8 | 46 | 10 | 80 |
| 2002년 | - | - | 3 | 15 | 3 | 15 |
| 계 | 4 | 129 | 25 | 191 | 33 | 320 |

〈표 5-14〉 3대 포천군의회 위원회 운영 현황

| 구분 | | 횟수 | 일수 |
|---|---|---|---|
| 상임위원회 | 운영위원회 | 33 | 41 |
| | 내무위원회 | 31 | 69 |
| | 산업 · 건설위원회 | 30 | 62 |
| 특별위원회 | 예산결산특별위원회 | 14 | 33 |
| | 감사특별위원회 | 4 | 36 |
| | 행정사무조사특별위원회 | 5 | 9 |

〈표 5-15〉 3대 포천군의회 안건처리 현황(단위: 건)

| 조례 | | | | 예산안 | 예비비 승인 | 행정 사무 감사 | 청원 | 군정 질문 | 건의/ 결의 | 기타 |
|---|---|---|---|---|---|---|---|---|---|---|
| 계 | 제정 | 개정 | 폐지 | | | | | | | |
| 164 | 37 | 120 | 7 | 17 | 8 | 4 | - | 14회<br>185 | 7 | 244 |

이 총 4회의 정기회의와 25회의 임시회의를 개최했다. 한편 포천군 3대 의회의 위원회는 〈표 5-14〉와 같이 운영, 내무, 산업 · 건설의 3개 상임위원회와 예산결산, 감사특별, 행정사무조사의 3개 특별위원회가 구성되어 활동했다. 각 위원회는 4~33회의 회의를 실시하여 관련 안건을 처리했다. 3대 의회는 안건처리에 있어서는 〈표 5-15〉와 같이 조례 164건, 예산안 17건, 예비비 승인 8건, 행정사무감사 4건, 군정질문 14회 185건, 건의 및 결의 7건, 기타 244건의 안건을 처리했다.

3대 의회의 주요 활동내용을 살펴보면, 한탄강 건설 반대와 의정부-포천 간 자동차전용도로 개설 등의 건의가 있었다. 중요한 조례로는 준농림지역 내 식품접객업소 설치, 각종 기금 운용, 상수도 수질감시위원회 설치, 하수도 사용, 오수 분뇨 및 축산 폐수 처리, 청소년 통행금지구역 및 통행제한구역 운영, 여성회관 설치, 주민감사 청구, 포천군 관광개발사업 특별회계 설치, 쓰레기봉투 판매, 포천군 상징물 설치 등이 처리되었다. 포천군의회의 조례 발의는 주로 지방자치단체장 명의인 바, 의원발의 건수는 11건에 불과하여 의원들의 조례제정 활동이 활발하지 않았다.

## 라. 4대 포천군의회(2002. 7~2003. 9): 김대중 정부 7개월/노무현 정부 8개월

### 1) 시대 상황 및 의정활동 환경

4대 포천군의회는 포천군이 포천시로 승격된 시기로, 1대 포천시의회로 그 활동이 연장되는 시기로서 김대중 정부 말기와 노무현 정부 초기의 대내외적인 여건이 반영되었다. 국내적으로는 김대중 대통령의 세 아들 비리 및 최규선게이트 등 각종 비리 의혹으로 정권에 대한 지지도가 떨어져 전격적으로 여성총리를 지명했으나 관철되지 않아 정국이 혼란했다. 〈표 5-16〉과 같이 노무현 대통령 임기 시에는 대구지하철 화재, 현대차 파업, 한총련의 포천 사격장 기습시위 등이 있었고 주 5일 근무제의 국회 통과, 종부세 신설 등이 있었다. 대외 및 대북적인 측면에서는 북한이 신의주 특구를 지정하고 적극적인 대남정책을 전개하는 상황에서 남북간 철도

〈표 5-16〉 4대 포천군의회 연도별 주요 상황(2002~2003년)

| 연도 | 국내 | 국외/대북 |
|---|---|---|
| 2002 | - 남북장관급 회담(8월)<br>- 부산아시아게임(9월)<br>- 방송등급제 시행(11월)<br>- 정몽준, 노무현 선거공조 파기(12월) | - 북러정상회담(8월)<br>- 남북, 철도연결 착공 합의(8월)<br>- 남북간 핫라인 개통(9월)<br>- 북, 신의주 특구 지정(9월)<br>- 북측 선수단/응원단 방한<br>- 미 의회, 이라크 군사작전 승인(10월) |
| 2003 | - 현대차 파업(8월)<br>- 한총련, 포천 미 사격장 시위(8월)<br>- 신불자 대규모 구제(8월)<br>- 주 5일 근무제 국회 통과(8월)<br>- 종부세 신설(9월)<br>- 노 대통령, 민주당 탈당 | - 미, 바그다드 함락(4월)<br>- 노 대통령, 방일(6월)<br>- 나토, 아프가니스탄 작전(8월)<br>- 아르헨티나, IMF 구제(9월) |

연결 착공 합의가 있었고, 남북간 핫라인 설치, 북측 선수단 및 응원단의 부산아시안게임 참가 등 활발한 남북교류가 지속되었으며, 미국이 이라크 바그다드를 함락하는 등의 세계적 이슈가 발생했다.

## 2) 의회의 특징

포천군 4대 의회는 2002년 6월 13일 실시된 제3회 전국동시지방선거를 통해 선출된 의원으로 구성되었다. 이 선거에서는 광역단체장 16명, 기초단체장 232명, 광역의원 682명, 그리고 기초의원 3,485명을 선출했으며, 투표율은 48.9%였다. 이 선거에서는 2000년 4월의 16대 총선에서 승리하기 위해 새정치민주연합과 자민련이 결합한 새천년민주당이 출범한 상태였으며, 한나라당이 제1당을 유지하고 있었다. 광역단체장은 한나라당이 서울시, 인천시, 경기도, 강원도, 대전시, 충청북도, 부산시, 대구시, 울산시, 경상남북도 등 12개 지역을 장악했고, 새천년민주당이 광주시, 전라남북도 및 제주도 등 4개 지역, 그리고 자민련이 충남 1개 지역을 차지했다. 기초단체장도 한나라당이 압승을 거둬 136석을 차지했고, 새천년민주당이 44석, 자민련 16석 순이다. 광역의원도 지역구와 비례대표를 합하여 한나라당 467석, 새천년민주당 143석, 자민련 33석 순이다. 이때도 기초의원의 정당 공천은 없었다.

포천군 4대 의원은 14명을 뽑는 데 30명이 등록하여 2 : 1의 경쟁률을 보였다. 직업별로는 농축산업 12명, 상업 4명, 기타 10명이며, 학력별로는 고졸 이하 17명, 전문대 이상 14명이었다. 당선자의 직업별 분포는 농축산업 8명, 상업 3명, 수의사 및 공인중개사 각 1명, 기타 1명이었으며, 8명이 재선되었다. 당선자의 공약도 특이사항이 없었으며, 정당 공천[11]이 없는 시기로서 의원의 정치성향도 노골화되지 않았다.

### 3) 주요 의정활동

4대 포천군의회는 포천시 승격에 따라 1대 포천시의회로 연결되어 활동한 의회이지만, 이 책에서는 편의상 포천군의회와 포천시의회로 구분하여 분석했다. 또한 과도기 의회 기록에서도 2004년 전반기와 이후를 구분하여 포천시(군)를 통합하여 실적을 종합한 바, 자료분석도 동일한 구분을 따랐다. 회의 운영은 〈표 5-17〉과 같이 4대 포천군의회는 총

11) 지방자치와 정당은 '분권'과 '통합'이라는 서로 상이한 가치를 본질로 하며, 비록 서로 충돌하는 개념이지만 어느 하나도 버릴 수 없다. 정당 공천제에서 지방자치 본연의 기능을 수행하는 것이 어렵지만, 일관성 있는 정책의 집행과 책임정치라는 측면에서 정당의 공천을 무조건 배제하기도 어려운 것이 현실이다. 이종훈, pp. 21-48.

5회의 정기회의와 15회의 임시회의를 개최했다. 포천군 4대 의회의 위원회는 〈표 5-18〉과 같이 운영, 행정자치, 산업 · 도시의 3개 상임위원회와 예산결산, 감사특별, 행정사무조사의 3개 특별위원회가 구성되어 활동했다. 각 위원회는 2~24회의 회의를 실시하여 관련 안건을 처리했다. 4대

〈표 5-17〉 4대 포천군의회 본회의 운영 현황

| 구분 | 정기회 | | 임시회 | | 계 | |
|---|---|---|---|---|---|---|
| | 횟수 | 일수 | 횟수 | 일수 | 횟수 | 일수 |
| 2002년 | 2 | 34 | 4 | 31 | 6 | 65 |
| 2003년 | 2 | 35 | 8 | 44 | 10 | 79 |
| 2004년 전반기 | 1 | 13 | 3 | 20 | 4 | 33 |
| 계 | 5 | 82 | 15 | 95 | 20 | 177 |

〈표 5-18〉 4대 포천군의회 위원회 운영 현황

| 구분 | | 횟수 | 일수 |
|---|---|---|---|
| 상임위원회 | 운영위원회 | 24 | 30 |
| | 행정자치위원회 | 21 | 41 |
| | 산업 · 도시위원회 | 20 | 32 |
| 특별위원회 | 예산결산특별위원회 | 11 | 21 |
| | 감사특별위원회 | 5 | 24 |
| | 행정사무조사특별위원회 | 2 | 2 |

〈표 5-19〉 4대 포천군의회 안건처리 현황(단위: 건)

| 조례 | | | | 예산안 | 예비비 승인 | 행정 사무 감사 | 청원 | 군정 질문 | 건의/ 결의 | 기타 |
|---|---|---|---|---|---|---|---|---|---|---|
| 계 | 제정 | 개정 | 폐지 | | | | | | | |
| 412 | 190 | 425 | 177 | 10 | 16 | 2 | - | 3회 67 | 11 | 87 |

의회는 안건처리에 있어서 〈표 5-19〉와 같이 조례 412건, 예산안 10건, 예비비 승인 16건, 행정사무감사 2건, 군정질문 3회 67건, 건의 및 결의 11건, 기타 87건의 안건을 처리했다.

4대 의회의 주요 활동내용을 살펴보면, 국립수목원 개원 건의가 있었으며, 중요한 조례로는 의회 법률고문 임명, 시민제안제도 운영, 정책위원회 운영, 공직자윤리위원회 운영, 국제화추진협의회 운영, 향토유적 보호, 저소득 주민 자녀 장학금 지원, 보훈기금 운용, 여성발전, 온천 개발 등이 처리되었다. 포천군의회 의원이 발의한 조례는 11건으로서 조례 제정 기여도가 여전히 낮은 편이었다.

## 마. 1대 포천시의회(2003. 10~2006. 4): 노무현 정부 3년 6개월

### 1) 시대 상황 및 의정활동 환경

1대 포천시의회는 노무현 정부 시대 상황의 영향을 받았다. 이 시기는 노무현 대통령의 탄핵소추안 국회 통과 등 여당에게는 정치적으로 험난했으나, 한나라당에 대한 비판적 여론으로 제17대 총선에서 열린우리당에 대한 지지도가 급상승하여 열린우리당이 집권당이 된 해였다. 그러나 열린우리당에서 호남 기반의 민주당 출신 의원들이 집단 탈당함으로써 과반이 붕괴되었고, 여야 간의 갈등 격화, 한나라당과의 연정 제의 및 결렬, 대통합민주신당(한나라당 선진 평화연대, 시민단체 등)과의 합당 등의 과정을 거쳐 해체된 시기로서 정치적 불안정성이 배가되었다.

국내의 주요 이슈는 <표 5-20>과 같이 KTX 개통, 병역비리 수사, 성매매특별법 시행, 호주제 폐지, 부동산 실거래제 등 시대적으로 의미 있는 정책이 대거 시행되었다.

남북관계에서도 대북 포용정책이 지속된 바, 남북 장성급 군사회담을 통한 긴장완화 노력이 있었으나 2005년 2월 북한의 핵보유 선언 이후 남북관계가 경색되는 한편 한반도에서 북핵 문제가 안보의 중심 명제로

<표 5-20> 1대 포천시의회 연도별 주요 상황(2003~2006년)

| 연도 | 국내 | 국외/대북 |
|---|---|---|
| 2003 | - 노 대통령, 재신임 투표 제안(10월)<br>- 롯데월드 개장(10월)<br>- 열린우리당 창당(11월) | - 한중 정상회담(10월)<br>- 6자회담 출범<br>- 사담 후세인 전쟁 중 체포(12월)<br>- 리비아, WMD 포기 발표(12월) |
| 2004 | - 탄핵소추안 국회 통과(3월)<br>- KTX 개통, 통일호 운행 종료(4월)<br>- 17대 총선(4월)<br>- 탈북자 468명 집단 입국(7월)<br>- 병역비리 수사(9월)<br>- 성매매특별법 시행(9월) | - 대만, 천수이벤 총통 재선(4월)<br>- 남북 장성급 군사회담(5월)<br>- 리비아-미국 재수교(6월)<br>- 체첸반군 인질사건(9월)<br>- 한국군 이라크 파병(12월)<br>- 인도양 지진해일 사태(12월) |
| 2005 | - 수도권 전철 천안 개통(1월)<br>- 호주제 폐지(2월)<br>- 고양 킨텍스 개관(4월)<br>- 청계천 복원(10월)<br>- 전남도청 무안군 이전(11월)<br>- 평일 지상파 낮방송 개시(12월) | - 이라크 자유 총선거(1월)<br>- 북, 핵보유 선언(2월)<br>- 유엔, 북 3차 인권결의(4월)<br>- 한미정상회담, 북핵 불용(6월)<br>- 북, 아리랑 공연 개최(8월)<br>- 북핵<br>- 9.19 공동선언 |
| 2006 | - 부동산 실거래제 시행(1월)<br>- 중부권 국민중심당 창당(1월)<br>- 서울시 철도파업(3월)<br>- 새만금사업 합헌 결정(3월)<br>- 박근혜 피습사건(5월) | - 김정일 방중(1월)<br>- 안보리에 이란 핵문제 결의안(2월)<br>- 유럽 내 이슬람권 만평 사태(2월) |

부상되기 시작했다. 국제적으로는 사담 후세인이 체포되는 등 이라크전이 종료되고 미국 주도의 반테러 전선이 힘을 발휘하기 시작했다.

### 2) 의회의 특징

1대 포천시의회는 2003년 10월 19일 포천군이 시로 승격되면서 자동적으로 의회도 시의회로 승격되었으며, 2003년 일동면, 신북면 그리고 관인면에서 선거법위반으로 재선거가 실시되어 3명이 선출 · 교체된 것 외에는 다른 변동사항이 없다. 그러나 정국은 노무현 대통령의 참여정부가 출범한 이후 새천년민주당을 탈당하여 같은 해 11월 열린우리당이 창당되기 직전의 상황으로서 정치적 과도기였으며, 국민의 정치개혁 요구가 높았다.

이때 기초의원은 정당 공천이 없었고, 광역의원부터는 정당 공천이 있었으나 포천시 지역에서는 무소속 의원 2명이 당선되는 등 정당에 대한 선호도가 강하지 않았다.[12] 이러한 정치환경에 의해 포천시의회의 의회 구성 및 운영에 있어 정치성향보다는 능력을 중시하는 분위기가 조성되는 등 긍정적인 측면도 있었다. 그러나 정당 공천을 받지 않은 의원에 대한 중앙당의 영향력이 없어서 국회의원의 지역활동을 위한 국회의원과 기초의원 간의 협력관계가 형성되지 못했다. 이러한 현상이 기초의원도 정당 공천을 하게 된 주요 원인이 되었으며, 정당 간 영입 경쟁이 시

---

12) 지방선거는 대표성 · 민주성 · 자율성이라는 측면에서 강조되고 있는데, 선거의 중요성에 비추어 유권자의 선거참여가 저조한 것은 선출된 대표자가 전체 유권자의 1/3도 못 되는 지지를 받는다는 대표성의 문제가 제기되기 때문이다. 이현우, "지방선거를 통한 지방자치 평가", 「세계지역연구논총」, 제24집 제3호, pp. 219-242.

작되었다.[13)]

### 3) 주요 의정활동

1대 포천시의회는 4대 포천군의회가 연장되어 개원되었다. 이 책에서는 자료의 활용상 2004년 후반기부터 1대 포천시의회 자료로 구분하여 분석했다. 1대 포천시의회의 회의 운영은 〈표 5-21〉과 같이 총 3회의

〈표 5-21〉 1대 포천시의회 본회의 운영 현황

| 구분 | 정기회 | | 임시회 | | 계 | |
|---|---|---|---|---|---|---|
| | 횟수 | 일수 | 횟수 | 일수 | 횟수 | 일수 |
| 2004년 후반기 | 1 | 17 | 4 | 30 | 5 | 47 |
| 2005년 | 2 | 40 | 7 | 40 | 9 | 80 |
| 2006년 | - | - | 4 | 21 | 4 | 21 |
| 계 | 3 | 57 | 15 | 91 | 18 | 148 |

〈표 5-22〉 1대 포천시의회 위원회 운영 현황

| 구분 | | 횟수 | 일수 |
|---|---|---|---|
| 상임위원회 | 운영위원회 | 18 | 24 |
| | 행정자치위원회 | 17 | 25 |
| | 산업 · 도시위원회 | 13 | 20 |
| 특별위원회 | 예산결산특별위원회 | 5 | 10 |
| | 행정사무감사위원회 | 2 | 12 |
| | 군사격장피해조사위원회 | 3 | 3 |

13) 당시 포천시 1대 의원을 역임한 A의원의 인터뷰 내용을 참조했다.

〈표 5-23〉 1대 포천시의회 안건처리 현황(단위: 건)

| 조례 | | | | 예산안 | 예비비 승인 | 행정 사무 감사 | 청원 | 시정 질문 | 건의/ 결의 | 기타 |
|---|---|---|---|---|---|---|---|---|---|---|
| 계 | 제정 | 개정 | 폐지 | | | | | | | |
| 119 | 37 | 78 | 4 | 9 | 2 | 12 | - | 3회 46건 | 5 | 31 |

정기회의와 15회의 임시회의를 개최했다. 포천시 1대 의회의 위원회는 〈표 5-22〉와 같이 운영, 행정자치, 산업 · 도시의 3개 상임위원회와 예산결산, 행정사무감사, 군사격장피해특별조사위원회의 3개 특별위원회가 구성되어 활동했다. 각 위원회는 2~18회의 회의를 실시하여 관련 안건을 처리했다. 1대 포천시의회는 안건처리에서는 〈표 5-23〉과 같이 조례 119건, 예산안 9건, 예비비 승인 2건, 행정사무감사 12건, 시정질문 3회 46건, 건의 및 결의 51건, 기타 31건의 안건을 처리했다.

의회의 주요 활동내용을 살펴보면, 지방의원 정당 공천제 등의 철회 촉구 결의와 도시관리계획(차의과대학 건) 변경 결정 건의가 있었으며, 조례로는 문화의 거리 조성, 장애인 복지기금 설치, 지원봉사활동 지원, 농축특산물 및 가공식품 품질 인증, 폐기물 처리, 재난관리 기금 운용, 지역사회협의체 운용, 지방자치단체 보증채무관리, 장수 수당, 장학재단 설립 등이 있었다.

## 바. 2대 포천시의회(2006. 7~2010. 6):
## 노무현 정부 1년 8개월/이명박 정부 2년 4개월

### 1) 시대 상황 및 의정활동 환경

2대 포천시의회는 노무현 정부와 이명박 정부가 중첩되는 시기로서 참여정부를 계기로 하여 노선이 다른 보수정부로 정권이 이양되는 시기였다. 국내적으로는 노무현 대통령이 열린우리당을 탈당하는 등 야권의 약화가 두드러졌으며, 이명박 대통령 후보가 부상하는 정치적 변혁기였다.

경제적으로는 활황기를 맞이했으나 삼성 특검과 대규모 촛불시위로 국론은 분열되었다. 이러한 현상은 박근혜 대표가 주도한 한나라당에게 기회가 되어 2008년 4월에 치러진 제18대 국회의원선거에서 한나라당의 승리로 이어졌다. 〈표 5-24〉와 같이 김대중 대통령 서거, 심각한 남남갈등을 야기한 천안함 침몰 등 정국 불안을 가중시키는 사건이 빈발했다. 대북 상황과 관련해서는 2006년 10월 북한이 핵실험을 실시함으로써 안보불안이 가중되었고 우리 정부는 남북이산가족 상봉을 추진하는 한편, 주변국과의 전략적 관계를 정립하는 등 다양한 접근방법을 활용하여 대응했다. 그러나 북한은 국제적 제재 분위기에도 불구하고 2009년 5월 2차 핵실험을 감행했고, 이러한 일련의 과정은 남북한 관계가 단절되는 대북 5.24조치로 이어졌다. 아울러 2007년 4월 한미 간 FTA가 타결되었으며, 2009년에는 미국에서 오바마 정부가 출범했고, 2010년경부터는 그리스가 IMF 구제요청을 하는 등 유럽발 경제위기 신호가 감지되었다.

〈표 5-24〉 2대 포천시의회 연도별 주요 상황(2006~2010년)

| 연도 | 국내 | 국외/대북 |
| --- | --- | --- |
| 2006 | - 서울외곽순환도로 완전 개통(6월)<br>- 제주특별자치도 출범(7월)<br>- 반기문 유엔사무총장 선출(10월)<br>- 의정부-소요산 구간 개통(12월) | - 한미 FTA 협상 진행(6월)<br>- 북, 1차 핵실험(10월)<br>- 6자회담 재개(12월)<br>- 후세인 교수형(11월) |
| 2007 | - 노 대통령, 열린우리당 탈당(2월)<br>- 강정마을에 해군기지 건설 결정(5월)<br>- 종합주가지수 2000 첫 돌파(7월)<br>- 한나라당 이명박 대선후보 선출(8월)<br>- 노 대통령 방북, 남북 10.4선언<br>- 서해안 대규모 원유 유출(12월) | - 미 공군, 소말리아 폭격(1월)<br>- 2.13합의<br>- 전시작통권 이양 발표(2월)<br>- 한미자유무역협정 타결(4월)<br>- 미, 서브프라임 모기지 사건(8월)<br>- 부토 파키스탄 전 총리 피살(12월) |
| 2008 | - 호주제 폐지(1월)<br>- 삼성 특검(1~4월)<br>- 문화체육관광부 발족(2월)<br>- 숭례문 방화 전소(2월)<br>- 18대 총선(4월)<br>- 대규모 촛불시위(4~7월) | - 러, 메드베데프 대통령 당선(3월)<br>- 한미정상회담(4월)<br>- 한중 전략적 동반자 관계(5월)<br>- 한러 전략적 협력동반자 관계(9월)<br>- 미, 오바마 대선 당선(11월) |
| 2009 | - 노 대통령 검찰조사, 서거(4~5월)<br>- 5만 원권 지폐 발행(6월)<br>- 김대중 대통령 서거(8월)<br>- 인천대교 완공(10월)<br>- 한국철도공사 노조 파업(11월) | - 미러 전략무기제한협정 착수(4월)<br>- 북, 2차 핵실험(5월)<br>- 북, 미사일 발사 등 도발(7월)<br>- 중, 위구르 시위(7월)<br>- 남북이산가족 상봉(9월) |
| 2010 | - 천안함 침몰(3월)<br>- MBC 대규모 총파업(4월)<br>- 광주 엑스포(3~4월)<br>- 6.2지방선거에서 민주당 · 야권 승리 | - 그리스 IMF 구제 요청(4월)<br>- 1차 핵안보 정상회의(4월)<br>- 대북 5.24조치 |

## 2) 의회의 특징

포천시 2대 의회는 2006년 5월 31일 실시된 제4회 전국동시지방선거에서 선출된 기초의원으로 구성되었으며, 정당 공천이 시작되어 당적을 갖거나 다른 지역에서는 무소속 등으로 표시되었다. 이 선거에서는 투표율이 51.6%였으며, 열린우리당, 한나라당, 민노당이 경합했다. 당시 정치 상황을 보면 2004년에 터진 노무현 대통령 탄핵소추안에 대한 비판적 여론으로 열린우리당에 대한 지지도가 급상승하여 2004년 4월의 17대 총선에서 양당이 치열하게 대결한 결과 열린우리당이 총 299개 의석 중 과반수가 넘는 152석을 차지했고, 한나라당이 133석을 차지한 상황이었다. 수백억 원의 비자금 문제가 불거진 '차떼기 사건'이 한나라당의 주요 패인이었다. 그러나 집권당인 열린우리당이 다시 분열되어 과반이 붕괴되었고, 여야 간의 갈등 격화, 한나라당과의 연정 제의 및 결렬, 대통합민주신당(한나라당 선진 평화연대, 시민단체 등)과의 합당 등의 과정을 거쳐 해체된 시기였다.

이와 같은 정치적 혼란기에 치러진 4회 지방선거에서는 광역단체장 16명, 기초단체장 230명, 광역의원 655명 및 비례대표 광역의원 78명, 그리고 기초의원 2,513명 및 비례대표 기초의원 375명을 선출했다. 그 결과를 보면, 광역단체장은 한나라당이 12명, 민주당 2명, 열린우리당 및 무소속이 각 1명을 차지했고, 기초단체장은 한나라당 155명, 민주당 29명, 열린우리당 19명, 국민중심당 7명, 그리고 무소속 29명이 당선되었다. 광역자치의원은 한나라당 557명, 민주당 80명, 열린우리당 52명, 국민중심당 및 민주노동당 각 15명, 무소속 14명이 선출되었다. 기초의원은 한나라당 1,621명, 열린우리당 630명, 민주당 276명, 국민중심당 67명, 민주노동당 66명, 무소속 228명이 당선되었다.

포천시 2대 의회는 소선거구제가 거대정당의 후보만 배출할 수 있고 다양한 인재 선발이 어렵다는 문제를 해소하기 위해 한 선거구에서 여러 명을 선출하는 중선거구제를 도입함으로써 의원 정원이 14명에서 8명(비례 1명 포함)으로 줄어들었다. 그러나 포천시의회 의원은 7명(1명은 민주당에서 당선 후 당적 변경)이 한나라당, 1명이 민주당 소속으로서 중선거구제의 효과는 미미했다. 이전 선거에서 집권당을 지지하던 주민의 정치성향이 대선과 총선에만 국한되고, 기초의원선거에서는 전통적인 보수성향을 표출한 점이 특이하다.

이러한 결과에 의해 국회의원(17대 총선에서 열린우리당 소속 의원이 당선되었으나 선거법위반으로 자격박탈, 이후 보궐선거에서 한나라당 출신 의원이 당선), 지방자치단체장, 도의원 그리고 기초의원까지 한나라당을 지지하는 보수성향 일색의 특징을 보였다. 2대 포천시의회는 2003년 시 승격 이후 빈번한 지방자치단체장 및 국회의원의 교체 및 보궐선거 등에 의해 포천시 발전이 정체되는 현상을 목격하게 되었다. 이와 같은 현상은 지방자치단체가 적기에 중장기계획을 수립하지 못했거나, 정치적 이유로 중요한 사업의 연속성이 없었고, 주민 또한 정치적 공론에 휩싸여 필요한 요구를 충분히 하지 못했던 상황에 기인한다.

### 3) 주요 의정활동

2대 포천시의회는 정당 공천이 처음 시작된 시기로서 의제에 대해 정당의 방침이 작용했고, 의회의 구도 또한 정당별 구성과 힘에 따라 형성되었다. 2대 포천시의회의 회의 운영은 〈표 5-25〉와 같이 총 8회의 정기회의와 26회의 임시회의를 개최했다. 포천시 2대 의회의 위원회는 〈표 5-26〉과 같이 운영, 행정자치, 산업건설의 3개 상임위원회와 예산결산, 행정사무감사, 한탄강댐대책위원회, 군사격장피해특별조사위원회의 4개 특별위원회가 구성되어 활동했다. 각 위원회는 3~37회의 회의를

〈표 5-25〉 2대 포천시의회 본회의 운영 현황

| 구분 | 정기회 | | 임시회 | | 계 | |
|---|---|---|---|---|---|---|
| | 횟수 | 일수 | 횟수 | 일수 | 횟수 | 일수 |
| 2006년 후반기 | 2 | 38 | 3 | 21 | 5 | 59 |
| 2007년 | 2 | 38 | 6 | 45 | 8 | 83 |
| 2008년 | 2 | 34 | 8 | 54 | 10 | 88 |
| 2009년 | 2 | 40 | 7 | 78 | 9 | 118 |
| 2010년 전반기 | - | - | 2 | 10 | 2 | 10 |
| 계 | 8 | 150 | 26 | 181 | 34 | 331 |

〈표 5-26〉 2대 포천시의회 위원회 운영 현황

| 구분 | | 횟수 | 일수 |
|---|---|---|---|
| 상임위원회 | 운영위원회 | 37 | 51 |
| | 행정자치위원회 | 36 | 42 |
| | 산업건설위원회 | 34 | 38 |
| 특별위원회 | 예산결산특별위원회 | 18 | 35 |
| | 행정사무감사위원회 | 8 | 29 |
| | 한탄강댐대책위원회 | 3 | 3 |
| | 군부대사격장피해위원회 | 6 | 6 |

〈표 5-27〉 2대 포천시의회 안건처리 현황(단위: 건)

| 연도 | 계 | 조례 | 예산안 | 결산안 | 사무감사 | 결의안 | 의견제시 | 동의/승인 |
|---|---|---|---|---|---|---|---|---|
| 2006 | 57 | 42 | 3 | 1 | 1 | 2 | 1 | 6 |
| 2007 | 71 | 47 | 4 | 1 | 1 | 2 | 7 | 8 |
| 2008 | 91 | 71 | 4 | 1 | 1 | 2 | 5 | 7 |
| 2009 | 90 | 64 | 5 | 1 | 1 | - | 8 | 10 |
| 2010 | 24 | 18 | 1 | - | - | - | 2 | 3 |
| 계 | 330 | 242 | 17 | 4 | 4 | 6 | 23 | 34 |

실시하여 관련 안건을 처리했다. 2대 포천시의회는 안건처리에서는 〈표 5-27〉과 같이 조례 242건, 예산안 17건, 결산안 4건, 행정사무감사 4건, 결의안 6건, 의견제시 23건, 동의안 및 승인안 34건을 처리했다.

2대 포천시의회의 주요 처리안건을 보면, 대전차장애물 철거와 군사시설보호구역 축소 건의가 있었고, 주한미군 공여구역 주변지역 지원, 외곽순환도로 개통 관련 통행료 인하, 수도권 규제 철폐, 구리-포천 민자고속도로 조속 추진 등의 결의안 처리가 있었다. 조례는 규제개혁위원회 설치, 교육발전특별위원회 운영, 청사신축기금 설치, 거주 외국인 지원, 지리정보시스템 운영, 평생학습 조례, 학교급식 지원, 재향군인 예우, 화장 및 납골 시설 장려, 재래시장 및 상점가 육성, 녹지보전 및 녹화 추진, 시 노사정협의회 설치, 출산장려 지원, 무한돌봄센터 설치, 다문화가족 지원 등이 있었다.

## 사. 3대 포천시의회(2010. 7~2014. 6): 이명박 정부 2년 6개월/박근혜 정부 1년 4개월

### 1) 시대 상황 및 의정활동 환경

3대 포천시의회는 이명박 정부와 박근혜 정부가 중첩된 시기로서 보수정부의 영향하에 있었으며, 특히 포천시 주민은 강한 보수적 정치성향을 표출했다. 국내적으로 보면 〈표 5-28〉과 같이 국민적 지지를 받을 수 있는 총리감의 부재, 여성 ROTC 등장, 북한의 도발에 따른 서해 5북도서 경비 강화, 주 5일제 전면 시행, 세종특별시 출범, 도로명 주소 사용 등 국민의 생활 전반에 영향을 미치는 다양한 정책이 실행되었다.

3대 포천시의회 기간의 가장 큰 사건은 박근혜 대표가 한나라당을 이끌어 어려운 정국 상황 속에서 2012년 5월의 19대 총선에서 과반을

〈표 5-28〉 3대 포천시의회 연도별 주요 상황(2010~2014년)

| 연도 | 국내 | 국외/대북 |
|---|---|---|
| 2010 | - 창원, 마산, 진해 통합(7월)<br>- 김태호 등 지명자 자진사퇴(8월)<br>- 첫 여성 ROTC 선발 결정(8월)<br>- G20 정상회의 서울 개최(11월) | - 안보리, 천안함 의장성명(7월)<br>- 김정은, 최룡해 등 대장 칭호(9월)<br>- 아웅산 수치 석방(11월)<br>- 북, 연평도 포격 도발(11월) |
| 2011 | - 여성 ROTC 해·공군 확대(3월)<br>- 서북단도서 해병부대 창설(4월)<br>- 한-EU FTA 발효(7월)<br>- 경찰 총기 지급(8월)<br>- 오세훈 서울시장 사퇴(8월)<br>- 한미 FTA 비준(11월) | - 튀니지, 재스민 혁명(1월)<br>- 동일본대지진(3월)<br>- 다국적군, 리비아 공격(3월)<br>- 김정일 방중(5월)/방러(8월)<br>- 금강산관광 철수(8월)<br>- 김정일 사망(12월) |
| 2012 | - 주 5일제 전면 시행(3월)<br>- 제19대 총선(4월)<br>- 세종특별시 출범(7월)<br>- 이 대통령 독도 방문(8월)<br>- 한국 국가신용등급 회복(9월)<br>- 18대 박근혜 대통령 당선 | - 이라크, 미군 철수(1월)<br>- 북, 경제 및 핵 병진노선(3월)<br>- 푸틴 대통령 취임(5월)<br>- 오바마 대통령 재선 성공(11월)<br>- 시진핑 총서기 취임(11월)<br>- 북, 광명성 3호 발사(12월) |
| 2013 | - 안보리 이사국 선임(1월)<br>- 미래창조과학부·해양부 신설(2월)<br>- 한미정상회담, 윤창중 사건(5월)<br>- 한-호주 FTA 타결(12월) | - 북, 3차 핵실험(2월)<br>- 북, 정전협정 백지화 선언(3월)<br>- 중러정상회담(3월)<br>- 북, 영변원자로 재가동 선언(4월)<br>- 남북, 개성공단 정상화 합의(7월)<br>- 장성택 처형(12월) |
| 2014 | - 도로명 주소 사용(1월)<br>- 이산가족 상봉 재개(2월)<br>- 한-캐나다 FTA 타결(3월)<br>- 세월호 침몰사고(4월)<br>- 6회 지방선거 최초 사전투표(5월)<br>- 국무총리 지명자 사퇴(5월) | - 태국, 반정부 시위 비상사태(1월)<br>- 아르헨티나 국가부도설(1월)<br>- 중-대만 장관급 회담(2월)<br>- 유엔, 대북인권결의안 채택(3월)<br>- 김정은 국방위제1위원장 추대(4월) |

지켰으며, 그 추세를 이어가 마침내 첫 여성 대통령에 당선되었다는 것이다. 박근혜 정부는 출범 이후 보수기조의 정책을 전개했으나, 2014년 4월 세월호 침몰사고로 인해 매우 불안정한 정치적 상황을 맞이하게 되었다. 이후 민심회복을 위한 다양한 조치가 취해졌지만, 국민의 안전에 대한 인식이 최우선 과제로 인식된 시기였다.

북한은 2012년 3월 경제 및 핵 병진노선을 발표하며 핵무장을 공식화했고, 2014년 2월에는 3차 핵실험을 감행했다. 김정은 정권은 튀니지에서 시작된 재스민 혁명에 전혀 영향을 받지 않는 가운데 총참모장 리영호, 장성택 등 핵심 측근들을 숙청하면서 공포정치를 통한 정권 공고화작업을 지속했다. 남북한 관계도 북한의 핵무기 개발로 진전이 없었다. 동시에 미국의 대테러전쟁이 가속화되었으며, 주변국에서는 중국의 시진핑과 러시아의 푸틴이 권력을 잡았다.

### 2) 의회의 특징

3대 포천시의회는 2010년 6월 2일 실시된 제5회 전국동시지방선거를 통해 선출된 기초의원으로 구성되었다. 이 선거에서는 광역단체장 16석, 기초단체장 228석, 광역의원 761석, 기초의원 2,888석, 그리고 처음으로 실시된 교육감 16석과 교육의원 82석을 선출했다. 선거에서는 일자리와 복지 및 무상급식, 4대강 사업, 세종시 문제와 천안함 침몰사건이 주요 이슈가 되어 정국이 혼란스러웠다.

한나라당은 주로 저소득층과 취약계층을 고려한 30만 개의 일자리 창출, 복지 및 무상급식을 197만 명에게 제공하고, 세종시 수정안과 4대강 사업 추진, 천안함 사건은 이전 정권의 문제라는 점을 부각시켰다. 이에 반해 야권연합은 100만 개의 일자리 창출, 무상급식 전면실시와 410만 명의 저소득층에 대한 지원, 세종시 원안 추진, 4대강 사업 전면 철회, 천안함 침몰 진상조사 등을 주장했다.

그 결과 제18대 국회의원선거에서 한나라당은 이전의 121석을 넘어선 153석을 차지하여 여대야소 정국을 형성했고, 열린우리당과 민주당이 공조한 야당은 161석에서 81석으로 줄어들어 참패했다. 이때는 한나라당을 탈당한 보수계열의 자유선진당과 박근혜 계열의 친박연대 등 다양한 정치세력이 경합한 상황으로서 정치적으로 이합집산이 두드러졌다.

이러한 분위기가 전국동시지방선거의 중간평가 성격을 갖게 되었고, 한나라당은 천안함 사건으로 인한 북풍 추진에 따른 역풍, 세종시 수정안, 4대강 사업에 대한 반발, 검찰의 정치적 과잉수사 등 정권심판론의 영향을 받아 패배했다. 그러나 결과적으로는 민심이 어느 한쪽에 치우치지 않고 여야 간의 견제와 균형을 택했고, 전통적인 지역기반도 작용했다. 이에 따라 한나라당이 광역단체장 6석, 기초단체장 82석, 광역의원 288석, 기초의원 1,247석을 얻었으며, 민주당이 광역단체장 7석, 기초단체장 92석, 광역의원 360석, 기초의원 1,025석을 가져갔으며, 자유선진당이 광역단체장 1석, 기초단체장 13석, 광역의원 41석, 기초의원 117석, 그리고 민주노동당 또한 기초단체장 3석, 광역의원 24석, 기초의원 115석을 차지했다.

포천시 3대 의회는 비례대표를 포함하여 총 25명이 출마하여 3 : 1의 경쟁률을 보였으며, 2대에 이어 8명의 의원이 선출되어 구성되었다. 특이한 점은 공천에서 탈락한 정당인을 포함하여 무소속 후보가 9명에 이르렀다. 당적을 보면 한나라당이 비례를 포함하여 6석(1명은 무소속에서 당선 후 입당), 민주당이 2석을 차지했다. 이때에는 지역구에서 직접 여성의원이 선출되었다.[14] 포천시가 전통적으로 보수성향을 기반으로 함에도 불구하고 민주당 소속 의원이 배출되었는데, 중선거구제의 시행과 공천 후유증, 그리고 토착민 외 유동인구의 유입과 주민의 견제의식 작용 등을 주요 원인으로 꼽을 수 있다.

### 3) 주요 의정활동

3대 포천시의회는 보수정부의 영향 하에서 운영되었다. 3대 포천시의회의 회의 운영은 〈표 5-29〉와 같이 총 8회의 정기회의와 30회의 임시회의를 개최했다. 3대 포천시의회의 위원회는 기존의 3대 상임위원회에서 130건의 회의를 개최했고, 특별위원회는 구리-포천 간 조기착공을 위한 탄약고 이전 대책 특별회원회와 포천시 시설관리공단 행정사무조사 특별위원회, 행정사무감사 특별위원회의 3개가 운영되었으며, 총 81회의 회의를 진행했다.

3대 포천시의회는 안건처리에서 〈표 5-30〉과 같이 조례 239건, 동의 및 승인 41건, 결의 81건, 예결산 30건, 의견 55건, 기타 78건을 다뤘다.

의회에서 다룬 주요 안건은 도로명 주소 변경, 기업규제 신고, 사회적 기업 육성, 장애인 체육진흥, 야생동물 피해 예방, 한탄강 수상 레저시설 설치, 북한이탈주민 정착 지원, 전통상업 보존지역 지정, 자살예방,

14) 여성의원에 대한 관심이 강화되면서 2014년 제6회 동시지방선거에서는 광역의회 14.32%, 기초의회 25.26%의 여성의원이 당선되었는데, 포천시에는 비례대표 1명만이 선출됨으로써 지역사회에서의 여성대표성 문제가 표출되고 있다. 박지영 외, pp. 1-23.

〈표 5-29〉 3대 포천시의회 본회의 운영 현황

| 구분 | 정기회 | | 임시회 | | 계 | |
|---|---|---|---|---|---|---|
| | 횟수 | 일수 | 횟수 | 일수 | 횟수 | 일수 |
| 2010년 후반기 | 2 | 39 | 6 | 27 | 8 | 66 |
| 2011년 | 2 | 41 | 7 | 43 | 9 | 84 |
| 2012년 | 2 | 42 | 8 | 44 | 10 | 86 |
| 2013년 | 2 | 41 | 6 | 50 | 8 | 91 |
| 2014년 전반기 | - | - | 3 | 24 | 3 | 24 |
| 계 | 8 | 163 | 30 | 188 | 38 | 351 |

〈표 5-30〉 포천시 3대 의회 의정활동 현황

| 연도 | 조례 | 동의/승인 | 결의 | 예결산 | 의견 | 기타 | 총계 |
|---|---|---|---|---|---|---|---|
| 2010 | 25 | 7 | 12 | 5 | 7 | 5 | 61 |
| 2011 | 57 | 13 | 25 | 9 | 18 | 7 | 129 |
| 2012 | 46 | 14 | 31 | 7 | 19 | 1 | 118 |
| 2013 | 55 | 5 | 7 | 5 | 1 | 43 | 119 |
| 2014 | 56 | 2 | 6 | 4 | 10 | 22 | 98 |
| 계 | 239 | 41 | 81 | 30 | 55 | 78 | 525 |

귀농인 지원, 시립예술단 설치, 무형문화재, 구제역 피해농가 지원, 거주 군인 지원, 아동 및 여성 보호 등이었다.

# 아. 4대 포천시의회(2014. 7~현재): 박근혜/문재인 정부

## 1) 시대 상황 및 의정활동 환경

4대 포천시의회는 박근혜 정부 3년 차에 맞추어 개원했다. 국내외 정세는 〈표 5-31〉과 같이 2014년 초 정부가 '통일대박'을 강조하며 통일준비위를 출범시킨 가운데 친북성향의 통합진보당이 해체되었다. 2015년 메르스 사태로 전국이 요동쳤으며, 한일 위안부 타결 이후 대일정책과 관련한 논란이 가중되었다. 2016년에는 최순실 사태와 맞물려 박근혜 전 대통령이 탄핵되는 초유의 사태를 맞이했다. 2016년 4월 13일에

〈표 5-31〉 4대 포천시의회 연도별 주요 상황(2014~2015년)

| 연도 | 국내 | 국외/대북 |
|---|---|---|
| 2014 | - 통일준비위 출범(7월)<br>- 경기도, 초 · 중 · 고 9시 등교(9월)<br>- 도서정가제 시행(11월)<br>- 통합진보당 해산 선고(12월)<br>- 306보충대 해체(12월) | - 일, 집단자위권 행사 공식화(7월)<br>- 북, 무력도발 지속(7~9월)<br>- 이-팔레스타인 휴전합의(8월)<br>- 북, 삐라에 포격(10월)<br>- 미, 중간선거 여소야대 정국(11월)<br>- 한중정상회담 FTA 체결(11월) |
| 2015 | - 한일 통화스와프 중단(2월)<br>- 간통제 폐지(2월)<br>- 한미 원자력협정 타결(4월)<br>- 메르스 사태(6~7월)<br>- 우편번호 6 → 5자리 변경(8월)<br>- 한국사 교과서 파동(10~11월)<br>- 김영삼 대통령 서거(11월)<br>- 한일 위안부 문제 타결(12월) | - 러시아 등 5개국 EEU 출범(1월)<br>- 프랑스, 언론인 테러(1월)<br>- IS 준동(1월~)<br>- 북, SLBM 위장 성공 보도(5월)<br>- 이집트 제2 수에즈 운하 개통(8월)<br>- 중국, 한 아이 정책 폐지(10월)<br>- 위안화, 기축통화로 편입(11월)<br>- 김양건 사망(12월) |
| 2016 | - 국민의당 창당(2월)<br>- 제20대 총선(4월)<br>- 박근혜 대통령 퇴진시위 시작(10월)<br>- 탄핵소추안 통과(12월) | - 북한 4, 5차 핵실험 실시(1, 9월)<br>- 개성공단 가동 전면 중단(2월)<br>- 도널드 트럼프 집권 성공(3월)<br>- 북, 노동당 7차 당대회 개최(5월) |

실시된 제20대 총선에서 더불어민주당이 123석으로 제1당이 되고 새누리당이 122석, 국민의당 38석, 정의당 6석, 그리고 무소속 11석 등으로 5당 체제가 형성되었다. 그러나 대통령 탄핵사태와 맞물리면서 여당이었던 새누리당은 자유한국당과 바른정당으로 분리되었다. 2017년 5월 9일에 실시된 제19대 대통령 선거를 통해 문재인 정부가 출범했으며, 지방의회의 정치환경에도 상당한 영향을 끼칠 것으로 예상된다.

북한은 2014년 이후 민간단체의 삐라 살포 등에 포격을 하는 등 다양한 형태의 대남 도발을 지속하고 있고, 2016년 4, 5차 핵실험을 실시하는 등 핵무장 강화에 혈안이 되어 있으며, 계속적으로 미사일 실험을 강행하고 있다. 국제적으로 가장 큰 문제는 이슬람 극단주의 및 무장테러를 확산시키고 있는 IS의 준동을 들 수 있으며, 위안화가 기축통화로 자리 잡는 등 중국이 급부상하며 한국을 압박하고 있다. 동시에 미국에서는 도널드 트럼프 대통령이 집권하면서 주변 4국이 모두 자국우선주의 정책을 추진하는 상황을 보이고 있어 한반도의 정세에도 부정적인 영향을 주고 있다.

### 2) 의회의 특징

4대 포천시의회는 2014년 6월 4일 실시된 제6회 전국동시지방선거에서 선출된 의원으로 구성되었다. 이 선거의 선출의석은 광역단체장 17석, 기초단체장 226석, 광역의원 789석, 기초의원 2,898석, 교육감 17석 및 교육의원 5석이었다. 전국동시지방선거에는 당시의 19대 총선과 박근혜 정부 출범이라는 정치적 지각변동이 어느 정도 반영되었으며,

세월호 침몰사고로 정부에 대한 비판여론이 있음에도 불구하고 여당의 약진이 두드러졌다.

한나라당은 2011년 10월 재보궐선거에서 야권연대에 패배한 이후 같은 해 12월 박근혜 대통령이 비상대책위원장으로 선임되고 당명을 '새누리당'으로 개명했다.

새누리당은 친이계와 친박계의 갈등이 야기된 상황에서 선거를 치러 2012년 5월의 19대 총선에서 과반이 넘는 152석을 얻었으나 이전에 비해 22석을 잃었다. 민주통합당은 127석, 그리고 통합진보당이 13석을 얻는 이변이 발생했다. 이때도 각 당은 다양한 공약을 내세웠는데, 일자리 창출, 복지 강화, 재벌 및 검찰 개혁, 한미 FTA, 4대강 사업 등이 있었으나 조세 문제, 한미 FTA, 해군기지 건설, 4대강 사업 등의 공약에서 여야가 대립했다. 아울러 2013년 초 박근혜 정부가 출범하여 정국은 여당의 주도하에 있었다.

그러나 19대 국회는 여야 간 국회에서의 갈등과 법처리 지연으로 인해 주요 법안이 처리되지 않았는데, 18대 국회 마지막 본회의에서 통과된 국회선진화법이 그와 같은 사태를 만들었다. 국회선진화법은 "쟁점법안의 경우 과반수가 아닌 재적의원 5분의 3 이상이 동의해야 신속처리법안으로 상정할 수 있도록 한 법"이다. 이는 국회의장의 직권상정과 다수당의 법안 강행처리를 제한하는 것이 목적이었다. 특히 국회의원의 직권상정을 천재지변, 전시, 사변 같은 국가비상사태나 의장이 각 교섭단체와 합의한 경우로 제한해 일방적인 법안 처리를 막았다. 또한 3분의 1 이상의 상임위원회 재적의원이 요구하면 관련 법안을 최장 90일 동안 논의할 수 있도록 했다. 아울러 "소수당이 다수당의 일방적인 법안 처리를 막거나 표현을 지연시키기 위해 장시간 토론으로 시간을 끄는 의회운영 절차의 하나"인 필리버스터(Filibuster) 제도도 도입했다.

전국동시지방선거 결과 새누리당이 광역단체장 8석, 기초단체장 117석, 광역의원 416석, 기초의원 1,413석을 가져갔으며, 새정치민주연합은 광역단체장 9석, 기초단체장 80석, 광역의원 349석, 기초의원 1,157석을 획득했고, 통합진보당은 광역의원 3석과 기초의원 34석을 얻어 이전 선거에서 유지한 대부분의 의석을 상실했다. 전체적으로 보면 새누리당의 약진이 돋보인다.

4대 포천시의회는 이전과 같이 8명의 의원을 선출했으며, 새누리당 5명, 새정치민주연합 3명으로 과거에 비해 야당 의석이 1석 증가했다. 이 중 재선이 3명이며, 야당은 모두 재선에 성공한 반면 1명을 제외하고 여당은 전부 물갈이되었다. 포천시의회는 여전히 여당에서는 정당 공천이 중요한 변수로 작용했는데, 여론조사에 의한 번호 지정 등 상향식 공천의 원칙이 지켜지지 않고, 신인 정치인에게 유리한 번호 배정 등 중앙당의 배려로 기존 의원들이 불이익을 당하는 사태가 발생했다.

### 3) 주요 의정활동

4대 포천시의회는 박근혜 정부의 창조경제, 일자리 창출, 복지 확대, 노동 개혁 등 역점사업을 추진하는 여건하에서 운영되었으며, 일자리 창출에 주력하고자 하는 문재인 정부가 출범함에 따라 정부정책과 연동되는 정책 추진이 활성화될 것으로 예상된다. 4대 포천시의회의 회의 운영은 〈표 5-32〉와 같이 2014년과 2015년에 총 4회의 정기회의와 12회의 임시회의를 개최했다. 4대 포천시의회에서는 기존의 행정자치위원회

〈표 5-32〉 제4대 포천시의회 본회의 운영 현황

| 구분 | 정기회 | | 임시회 | | 계 | |
|---|---|---|---|---|---|---|
| | 횟수 | 일수 | 횟수 | 일수 | 횟수 | 일수 |
| 2014년 하반기 | 2 | 36 | 2 | 13 | 4 | 39 |
| 2015년 | 2 | 41 | 10 | 38 | 12 | 79 |
| 2016년 | 2 | 42 | 10 | 39 | 12 | 80 |
| 계 | 6 | 119 | 22 | 90 | 28 | 188 |

와 산업건설위원회를 폐지하고 운영위원회만 존치시켜 운영하고 있다. 특별위원회는 조례등심사특별위원회, 조례정비특별위원회, 장자일반산업단지행정사무조사특별위원회, 예산결산특별위원회, 행정사무감사특별위원회, 사격장등군사시설피해보상촉구특별위원회의 총 6개를 운영했다. 4대 포천시의회의 주요 조례로는 갈등예방과 해결, 도시브랜드 가치 제고, 명장 선정 및 육성 지원, 홍보대사 운영, 국어 진흥, 도시농업 활성화 등이 있으며, 석탄발전소 문제가 지역의 핵심 사안으로 부각되고 있다.

# Ⅵ

# 포천시의회의 지역발전 역할 사례: 한계와 문제점

1. 사례연구와 쟁점 사업 식별
2. 주요 사례분석
3. 사례분석 종합 평가
4. 포천시의회 의정활동 분석

# 1
# 사례연구와 쟁점 사업 식별

## 가. 사례연구

사례연구는 변인 간의 상호관계성을 연구하는 한 방법으로서 원인비교연구(문제의 현상과 발생원인 분석) 및 상호관계연구(두 개 이상 변수의 상호작용 파악)와 더불어 주로 사용되는 유형이다.[1] 사례에는 갈등의 주원인인 정보공개 정도, 협조성, 중앙정부가 관련된 행정적 요인, 권한과 역할의 명확성, 정당과 관련된 제도적 요인, 그리고 의회 및 집행부의 행태와 성향 차이를 포괄하는 개인적 요인 등이 작용하여 협력과 갈등을 유발한다.[2] 이 절에서는 포천시의회의 의정활동을 평가하기 위해 다음과 같은 측면에서 사례연구를 적용했다. 첫째, 포천시의회가 주민 복리를 위한 행정 사무를 추진함에 있어 중앙정부, 지방자치단체, 시민 등과 어떠한 관계를 형성하는가를 파악하기 위함이다. 둘째, 사례연구 대상으로 선정

1) 한영춘, pp. 45-47.

2) 백형배, p. 61.

한 사업이 포천시의회 의정활동의 평가요소, 즉 지역발전 기여 여부, 의회의 정상적 역할, 지방자치단체 및 의회 간의 소통과 협력, 중앙정부와 지방자치단체 간의 협력 혹은 중앙정부의 적절한 사업계획 수립 및 예산 지원, 의회와 주민 간 소통 등의 관점에서 어떻게 평가되는가를 판단하기 위함이다.

사례연구는 국가 및 사회의 구성체인 지방자치단체 및 의회, 단체, 기구 혹은 개인 등을 연구단위로 설정하여 연구한다. 이 연구 방법의 일반적인 절차는 연구 및 사례분석 대상 선정 → 사례수집(인터뷰 및 설문, 문헌조사, 관찰) → 자료의 분석 및 평가 → 일반화 및 교훈 도출 등의 과정을 따른다.[3] 이러한 과정을 거치면서 대상 문제에 대한 연속적인 분석이 가능하고, 정부 혹은 실제 사실을 분석할 수 있는 포괄적인 자료 수집이 이뤄지며, 이를 통해 연구대상의 실체를 유기적 · 전체적 · 입체적으로 분석할 수 있는 장점이 있다. 또한 사례연구는 사회현상의 직접적인 파악이 가능하며 집중적으로 한 문제를 연구하여 개개 상황과 관련된 행위자들의 입장 및 역할 등을 파악하기 용이하다. 물론 사례연구는 그 사례가 제

〈표 6-1〉 주요 사례별 쟁점 분석

○: 만족, △: 보통, ×: 불만족

| 구분 | 지역발전 기여 여부 | 의회의 역할 | 지방자치단체-의회 소통 | 중앙-지방 자치단체 협력 | 대(對)주민 소통 |
|---|---|---|---|---|---|
| 구리-포천고속도로 | ○ | △ | ○ | △ | △ |
| 군 사격장 피해 보상 | ○ | ○ | ○ | △ | ○ |
| 광역 화장장 유치 | △ | △ | × | × | △ |
| 장자산업단지 건설 | △ | × | × | × | × |

3) 이준형, p. 307.

대로 전체를 설명할 수 있는지, 그리고 이를 바탕으로 일반화가 가능한지 등의 문제를 안고 있다.[4] 하지만 필자는 쟁점 사업을 식별함에 있어서 〈표 6-1〉과 같이 주요 사례가 종합적인 분석 자료로서 적절한지, 포천시의회의 전반적인 의정활동을 파악하기에 용이한지, 그리고 각각의 행위자와 요소 간에 밀접한 관계를 형성하고 있는지를 사전에 고려했으며,[5] 동시에 사례연구를 보완하고 객관성을 높이기 위해 설문조사와 인터뷰를 병행했다.

## 나. 쟁점 사업 식별

필자는 사례연구의 목적과 장점을 고려하여 다음과 같은 4개의 사업(혹은 사안)을 사례연구 대상으로 선정했다.

① 구리-포천고속도로 건설
② 군 사격장 피해 보상
③ 광역 화장장 유치
④ 장자일반산업단지 건설

4) 이준형, pp. 304-306.

5) 각각의 지방자치에는 협력에서의 갈등, 협력에서의 협력, 갈등에서의 협력, 갈등에서의 갈등 등 다양한 형태의 갈등문제 유형이 존재한다. 백형배, pp. 63-79.

4개의 사업은 필자가 판단하는 5개 의정활동의 평가요소[6]인 지역 발전 기여 여부, 의회의 정상적 역할, 지방자치단체 및 의회 간의 소통과 협력, 중앙정부와 지방자치단체 간의 협력 혹은 중앙정부의 적절한 사업계획 수립 및 예산 지원, 의회와 주민 간의 소통문제를 포괄하고 있다. 특히 포천시의회의 의정활동과 관련하여 평가요소별로 공통된 현상 혹은 상이한 현상을 보여 비교연구로서의 중요성이 있다고 판단했다. 사례를 종합적으로 살펴본다면 4개 사업은 중앙정부 혹은 인근 지방자치단체 등과 관련한 사안이다. 또한 광역 화장장 유치는 결렬되었고, 3개 사안은 진행 중이다.

개별적인 관점에서 보면, 먼저 구리-포천 간 고속도로 건설은 중앙정부와 구리시 및 포천시의 갈등이 초래된 사안으로서 포천시의회의 역할이 매우 중요하여 선정했다. 둘째, 군 사격장 피해 보상은 지방자치단체의 핵심 기능인 주민 복리 차원에서 주민의 정서와 맞지 않거나 중앙정부와의 소통이 미진한 문제가 있어서 선정했다. 셋째, 광역 화장장 유치는 주민의 적극적인 반대에도 불구하고 지방자치단체가 이를 강행하려고 했고, 의회의 중재 노력에도 불구하고 의견수렴이 되지 않아 지방자치단체 내의 갈등이 점증하여 선정했다. 마지막으로, 장자일반산업단지 건설은 지방자치단체가 충분한 검토나 의견수렴 없이 무리하게 사업을 진행했고, 의회는 감시와 견제를 충실하게 하지 못했으며, 주민과의 소통 또한 미흡하여 선정했다.

---

6) 의정활동 성과는 조례처리, 예 · 결산 심의, 행정감 · 조사, 의회운영, 대민활동을 기반으로 민주성 · 책임성 · 전문성 · 효율성을 측정한다. 김영수, "지방의회의 의정활동 성과평가에 관한 연구", 「지방정부연구」, 제11권 제1호, 2007년 봄, pp. 185-207.

# 2
# 주요 사례 분석

## 가. 구리-포천 민자고속도로 건설

### 1) 사업 개요 및 추진 현황

구리-포천고속도로 건설은 포천시 주민 모두가 염원하는 대표적인 지역발전형 사업이다. 무엇보다도 기존 국도인 43번 도로(의정부-포천 연결)의 추정 소요시간이 68분인 데 비해 상기 고속도로는 35분이 소요됨에 따라 통행료, 유류비 그리고 시간이 절약되며, 지역발전에도 여러 가지 긍정적인 요인이 많다. 무잇보다 국도의 만성적 적체를 해소하고, 지역에 이르는 교통인프라가 구축됨으로써 지역발전의 혈관 역할을 하게 되며, 물류 · 유통 · 산업시설 유치가 가능하다. 또한 접근성이 향상되어 관

광수요가 증대될 것으로 기대된다.[7)]

사업내용을 개관해보면 〈표 6-2〉와 같이 총사업비는 정부의 재정지원(주로 토지보상비)과 민간 투자를 포함하여 2조 8,723억 원이 소요되며, 규모는 본선 44.6km, 지선 14.14km로 총 50.54km에 이른다. 사업방식은 BTO 방식으로서 민간투자사가 향후 30년 동안 관리를 맡게 된다. 이 사

〈표 6-2〉 구리-포천고속도로 건설[8)]

| 구분 | | 내용 |
|---|---|---|
| 사업 개요 | 추진내역 | - 구리-포천 간 고속도로 건설<br>- 전국 간선도로망 남북 3축 구성 |
| | 위치 | - 구리 토평동-포천시 신북면 구간 |
| | 사업비 | - 총 2조 8,723억 원<br>- 재정지원: 1조 2,931억 원, 민간투자: 1조 5,792억 원 |
| | 규모 | - L = 50.54km<br>- 본선: 44.6km(6차선), 지선: 14.14km(4차선)<br>- BTO 방식: 건설기간 5년, 관리운영기간 30년<br>- 추정 교통량: 65,679~86,118/일 |
| | 참여 지방자치단체 | - 구리시, 포천시, 의정부시, 남양주시, 서울시 중랑구 |
| 주요 추진경과 | | - 2007년 정부는 관련법에 의거 민자도로 추진<br>- 2007. 9, 대우건설 컨소시엄을 우선협상 대상 선정<br>- 2011. 11. 29, 사업단 개소식<br>- 2012. 6, 실시계획 승인/6. 30, 공사 착수<br>- 2017년 공사완료 예정 |
| 쟁점 | | - 포천 송우리 탄약고 축소 및 이전<br>- 구리시민의 노선 반대(공사 피해, 사적지 훼손 등) |
| 의회의 역할 | | - 군과 탄약고 문제 해결 주력<br>- 지방자치단체의 사업 추진 지원 정상화 주력<br>- 특별위원회 운영 및 보상 지원 법적 지원<br>- 국토부에 사업 추진 촉구 및 구리시와 협력 증진 |

7) 서울북부고속도로(주), 「구리-포천고속도로건설과 지역발전 방안 세미나 자료」(2016. 2. 3), pp. 7-8.

8) 포천시, 『2010-2016 시정주요업무』, p. 전략사업과-6.

업은 2002년 7월부터 10개 업체가 사업제안서를 제출하여 거론되기 시작했으며, 2007년에 대우건설 컨소시엄이 사업주체로 선정(건교부 공고 제2007-125호)되면서 본격화되었다. 2012년 6월 30일에 착공되어 현재 2017년 후반기 개통을 예상하고 있다. 사업의 주요 쟁점은 노선 선정을 둘러싸고 노선상에 위치한 구리시의 노선 반대,[9] 포천시 내부 탄약시설의 이전과 보상 문제였으며, 지엽적으로 IC의 증설과 노선변경 요청이 있다.

### 2) 사업 및 의정활동 평가

위 사업은 포천시 주민이 모두 찬성하는 사업으로서 포천시 내부적으로는 사업추진의 동기가 잘 조성되었으며, 앞에서 언급한 몇 가지 쟁점을 제외하고는 지방자치단체와 의회, 국회의원 그리고 경기도가 모두 협력하여 문제를 원만하게 풀어나가는 과정을 경험했다. 따라서 필자는 이 사례를 〔그림 6-1〕과 같이 지방자치단체-의회-주민 협력형으로 규정했다.

그 구체적 활동 사항은 〈표 6-3〉과 같은 바, 먼저 동 사안은 정부 차원의 사업으로서 별도의 조례처리 내용은 없다. 단지, 포천시의회에서는 주로 시정 질의와 결의안을 통해 사업의 전 과정에 적극적으로 참여했다. 시정질의는 총 4회다. 2009년 11월 13일 김성남 시의원이 무봉리 탄약시설 이전에 대해 소요경비가 2,050억 원에 이르러 포천시의 재정여건

9) 구리시는 교통혼잡과 문화유산 훼손 우려 등을 이유로 노선 제외 등을 주장했으나, 고속도로명에 구리를 포함시키는 것을 합의하는 등 원만하게 처리했다. 진종순, "정부기관 간 갈등과 협의: 구리-포천고속도로 건설사례를 중심으로", 「한국사회와 행정연구」, 제22권 제4호, pp. 389-410.

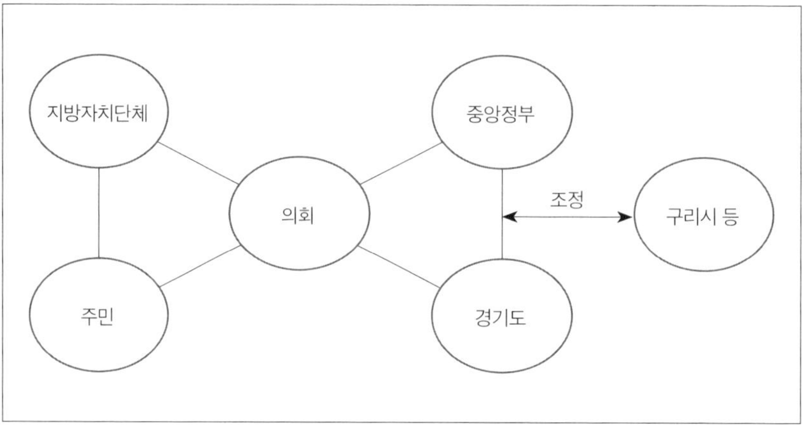


[그림 6-1] 지방자치단체-의회-주민 협력형

〈표 6-3〉 구리-포천고속도로 건설 관련 포천시의회 의정활동 현황

| 구분 | 활동내용 |
|---|---|
| 시정 질의 | - 무봉리 탄약고 이전대책(2009. 11. 13)<br>- 관련 사업 건설 추진 현황(2010. 10. 26)<br>- 관련 사업 보상사업비 조속지원 대책(2013. 5. 29)<br>- 탄약고 이전사업(2014. 12. 18) |
| 결의안 처리 | - 송우리 탄약고 이전 및 장애물 철거 건의(2006. 12. 5)<br>- 사업의 조속한 추진 촉구(2008. 12. 2) |
| 현장 활동/실사 | - 동두천, 연천, 양주시 의회 방문, 협조 당부(2008. 11. 27)<br>- 주민집회 동참(2009. 1. 6)<br>- 탄약고 문제 민 · 관 · 군 협의체(2009. 6~)<br>- 탄약고 이전 주민 서명운동(2010. 8)<br>- 공사현장 답사(2012. 5) |
| 주민 간담회 | - 무봉리 주민 대상 설명회(2009. 8. 31)<br>- 보상대책 설명회(2012. 10. 9/2014. 4. 9)<br>- 발전방안 세미나 동참(2016. 2. 7) |
| 기타 | - 포천시의원, 쟁점에 대한 언론활동 전개<br>- 의회저널 활용, 활동 사항 홍보<br>- 각각의 주민 민원 접수 및 해결 |

상 부담이 크므로 사업자 측이 이를 부담하고 개발을 통해 보전하는 안을 제시했으며, 동시에 문화재보호구역 문제도 해결해줄 것을 요청했다. 이외에도 도로 건설 관련 추진 현황 요구, 보상비의 조속한 지원 대책과 탄약고 이전사업 전반에 대한 질의가 이어졌다.

결의안 처리는 2건이었는데, 사업 초기부터 포천시 송우리에 위치한 탄약고 처리 문제가 첨예한 문제로 대두되어 2006년 12월 5일 송우리 탄약고 이전 및 장애물 철거 건의와 2008년 12월 2일 사업의 조속한 추진 촉구 결의안이 처리되었다.[10)] 특히 이 사업은 지방자치단체와 의회, 그리고 주민의 이해가 대립되기보다는 사업의 추진 문제와 관련하여 제기된 문제가 주를 이루고 있어서 3자 간의 적극적인 협력과 상호 지원이 이뤄지는 행사가 많았다. 이에 따라 포천시의회는 현장 활동 및 실사, 주민 간담회, 그리고 가용한 활동을 다양하게 전개하여 지역발전과 이익을 위한 활동을 전개했다. 이러한 활동은 고속도로 건설사업에 있어서 의회가 조례 혹은 예산과 관련하여 관여할 부분이 적기 때문이다.

포천시의회는 이 사업과 관련하여 중앙정부 및 경기도, 국회의원, 주변 의회, 지방자치단체 등의 활동을 촉구했는데, 2008년 11월 27일 포천시의회 의원들이 동두천, 연천, 양주시의회를 방문하여 이 사업에 대한 적극적인 협조를 당부했다.[11)] 그 외에는 주민의 집회에 동참하거나, 각종 협의체에 의회의 대표가 참가하고, 현장답사를 통해 문제를 인식하고 확산하는 역할을 했다.

이 사업과 관련한 주요 행사는 다음과 같다. 2009년 1월 6일 포천

---

10) 포천시, 『2010-2016 시정주요업무』, p. 전략사업과-8.

11) 의원은 분권운동가로서의 역할을 수행해야 하는데, 지역의회와 전국적 의회와의 공조관계 유지, 분권정신의 확대와 지방자치정신을 실현하는 데 일조해야 한다. 남기헌, p. 2024.

시민 대책위원회의 주관하에 포천, 양주, 동두천, 연천 등 4개 시 · 군 주민 3,000여 명이 구리 시민의 반대로 지연되고 있는 사업의 조속한 시행을 촉구하며 국토해양부에 결의안을 제출했다. 2009년 8월, 포천시 무봉리 주민(공장주들 포함)은 해당 지역의 구간이 직선형에서 커브로 둔갑했다며 중앙정부 및 포천시에 진정서를 제출하고, 보상문제 등과 연계해 반발했는데, 지방자치단체와 포천시 의원들이 사업자 측에 문제점을 설명하고 주민에게도 해결 경과를 설명했다.

2012년 5월 23일, 국방부, 포천시, 국토해양부 간 통합정비사업을 위한 합의각서(탄약고의 지하 이전과 일부 시설 통합 등)가 체결되었는데, 이러한 결과는 2009년 6월 이후 진행된 민 · 관 · 군 협의체의 활동과 2010년 3월부터 진행된 국무총리실 주관 관계기관회의에서 거둔 타결의 성과였다. 2012년 들어 정부 재정의 거의 전부를 차지하는 토지보상비와 관련하여 토지보상대책위가 구성되고 이들의 정부 방문 시위 등 활동과 국회의원, 도지사, 지방자치단체 및 의회의 적극적인 측면지원활동에 의해 토지 보상문제가 해결된 바 있다.

## 나. 군 사격장 피해 대책 마련

### 1) 사업 개요 및 추진 현황

포천시의 군 사격장 문제는 포천시의 지역발전과 주민 안전 측면에서 포천시 주민과 의회의 가장 중요한 현안이라고 할 수 있다.[12] 또한 미군이 관여된 문제로서 정치적 이슈화가 가능한 쟁점으로서 국가적 관심이 집중되는 곳이기도 하다. 포천시는 접경지역으로서 2개 군단, 2개 사단, 9개 여단, 11개 연대, 68개 대대 등이 있으며, 군사보호구역이 총 230.19km$^2$로서 시 전체 면적의 27%가 넘어 지역발전에도 장애를 초래하는데, 군 사격장 문제는 사안이 발생할 때마다 민군관계와 한미관계를 아우르는 모든 문제의 도화선처럼 작용하고 있다. 현재 포천시에는 〈표 6-4〉와 같이 로드리게스훈련장 등 미군 사격장 4개소, 승진훈련장 등 우리 군 사격장 5개소가 있으며, 관련 지역이 포천시의 4개 면에 걸쳐 있고, 지역은 약 28km$^2$에 이른다. 참고로 군 사격장 문제가 초미의 관심사로 제

〈표 6-4〉 포천지역 한 · 미 군 사격장 현황

| 구분 | 명칭 | 면 소재지 | 면적(km$^2$) | 용도 | 관할부대 |
|---|---|---|---|---|---|
| 미군 시설 | 로드리게스훈련장 | 영중, 창수, 영북 | 13.52 | 헬기 등 | 미8군 |
| | 건트레이닝사격장 | 창수 | 0.069 | 자주포 | 미2사단 |
| | 바이오넷훈련장 | 창수 | 0.1 | 폭파 | 미2사단 |
| | 왓킨스훈련장 | 영북 | 0.182 | 소총 | 미2사단 |
| 한국군 시설 | 승진훈련장 | 영북 | 19.83 | 종합훈련 | 8사단 |
| | 다락대훈련장 | 창수 | 16.5 | 전차 등 | 6포병여단 |
| | 원평사격장 | 이동 | 0.24 | 탱크 등 | 수기사 |
| | 랩탄발사진지 | 창수 | 0.089 | 랩탄 | 5포병여단 |
| | 도마치사격장 | 이동 | 0.013 | 자주포 등 | 8사단 |

12) 포천시 군 사격장 문제는 사격장 이전이 불가하다는 전제하에 사고 예방 및 보상문제에 집중되고 있으며, 여타 지역의 시민은 군사보호구역 등과 연관시켜 보상을 추진하는 등 포천시 전반의 문제로 부각되고 있다.

〈표 6-5〉 포천시 군부대 사격장 피해유형 및 내용

| 구분 | 내용 |
|---|---|
| 사격 피해 | 포탄 건물 파손, 탄피 피해, 천장 파손, 인삼밭 파손, 수로관 파손, 인명 피해 |
| 진흙 피해 | 간판 파손, 먼지 및 진흙 발생, 수로 파손 |
| 토사유출 | 사격장 토사 유입 |
| 산불 피해 | 산불 발생 |
| 헬기 피해 | 저공비행 소음 피해, 농작물 피해, 지붕 파손, 차광막 파손, 농작물 피해 |
| 환경오염 | 유류 유출, 탁류 피해 |
| 소음 피해 | 폭파 소음, 가축 피해 |

기되고 있는 것은 다양한 형태의 사격장 주변 피해로서 1998년 2월 5일 포천시 영북면의 포탄 피해 이후부터 공식 집계가 시작되었다. 그 유형과 현황은 〈표 6-5〉와 같은 바, 사격의 인적 피해인 인명 피해를 동반한 다양한 형태의 사격 피해, 진흙 피해, 토사유출, 산불 피해, 헬기 피해, 환경오염, 소음 피해 등이 구체적 증거로서 수집되어왔다.

이 책에서는 위와 같은 사례를 중심으로 포천시 군 사격장 피해보상과 관련한 의정활동 사례를 분석하고자 한다. 포천시 군 사격장 피해는 공식화되기 훨씬 전부터 축적되어왔는데, 특히 영평사격장은 1954년 이후부터 사용하기 시작했으며, 규모면에서도 매향리사격장의 7.7배, 군산 직도사격장의 114배에 달한다.

그동안 포천시 주민은 국가안보적 측면에 순응하여 사격장 피해에 대한 문제제기를 참아온 측면이 있었는데, 국가적 배려와 지원이 소원함에 따라 피해가 축적되었고, 최근에 이르러 적극적인 입장을 표명해오고 있다. 이외에도 군부대 주변지역이라는 이미지와 군사활동으로 인한 인구감소, 민간투자 위축 등 다양한 부정적 문제가 동반되고 있어서 문제가 더욱 다층적 · 다양화하는 추세다. 포천시의 군 사격장 사례는 〈표 6-6〉과 같이 요약될 수 있는데, 핵심 쟁점은 군 사격장 피해의 즉각적인 중단과 예방, 피해보상, 그리고 적절한 대책 강구라고 할 수 있다. 그러나 우리 군과 미군이 관여되어 있으며, 피해의 구체적 보상범위 설정이 어렵고, 군 훈련의 지속성 문제와 대체 훈련장 마련의 어려움 등 다양한 문제가 공존하고 있어서 그 해결이 순탄치 않은 상황이다.

〈표 6-6〉 군 사격장 피해보상 개요 및 추진 현황[13)]

| 구분 | | 내용 |
|---|---|---|
| 개요 | 관련 지역 | - 포천시 영북면, 창수면, 영중면, 이동면 등 |
| | 피해 내용 | - 한 · 미 군 사격장 주변 민간인의 인명 피해<br>- 주택균열, 가축의 낙태 등 재산 및 환경 피해<br>- 수질 및 토양 오염, 소음, 진동, 화재 등 피해 |
| | 관련 기관 | - 국방부 및 미군 |
| | 관련 규모 | - 〈표 6-4〉 '포천지역 한 · 미 군 사격장 현황' 참조 |
| 주요 추진 경과 | | - 2004. 4. 4, 범청학련, 영평사격장 규탄 시위<br>- 2004. 10. 21~현재, 포천시의회, 관련 특위 설치<br>- 군부대 사격장 기름 유출 및 화재 수시 발생<br>- 로드리게스사격장 주변 피탄 수시 발생<br>- 2010. 8. 12, 주민대책위원회 구성, 피해보상 등 요구<br>- 2015. 1. 23, 포천시의회, 피해보상촉구특위 구성<br>- 2015. 4, 미8군 사령관, 도지사 · 주민 대상 공개 사과<br>- 2015. 5. 14, 포천시 피해대책지원센터 개설<br>- 2015. 10. 19, 범대위 발족 활동<br>- 2016. 3. 18, 국민권익위 현장 확인 |
| 쟁점 | | - 피해의 즉각적인 중단과 예방<br>- 군 사격장 피해 및 적정 보상규모 반영 |
| 의회의 역할 | | - 특별법 제정 및 주민 요구 반영<br>- 현장 방문, 실사 및 피해사례 조사<br>- 시정 질의, 지방자치단체 추진 의지 독려 |

13) 포천시의회, 『군부대사격장 피해대책 특별위원회 활동보고서』, 2020. 3. 18.

### 2) 사업 및 의정활동 평가

군 사격장 피해보상 관련 의정활동에서 가장 주목되는 것은 주민의 활발한 움직임이다. 이와 같은 이유는 직접적인 동기 외에도 군 사격장 문제에 미군 문제가 개입되어 사회적 이슈화가 쉽고, 국민의 관심을 유발하기 때문이다. 동시에 미군이 개입된 문제는 한미 간의 관계에 영향을 받으므로 우리 정부와 국방부가 대응하기에 민감할 때도 있고, 이는 지방자치단체의 활동에도 영향을 줄 수 있다. 이러한 측면에서 본다면 포천시의회가 주민의 의견을 반영하고 지역 현안으로 부각시켜 처리하는 데 더욱 적극적일 수 있을 것이다. 따라서 필자는 군 사격장 문제의 형태를 〔그림 6-2〕와 같이 의회-주민 연대 및 지방자치단체 지원형으로 규정했다. 포천시의회에서는 〈표 6-7〉과 같이 동 사안과 관련하여 가장

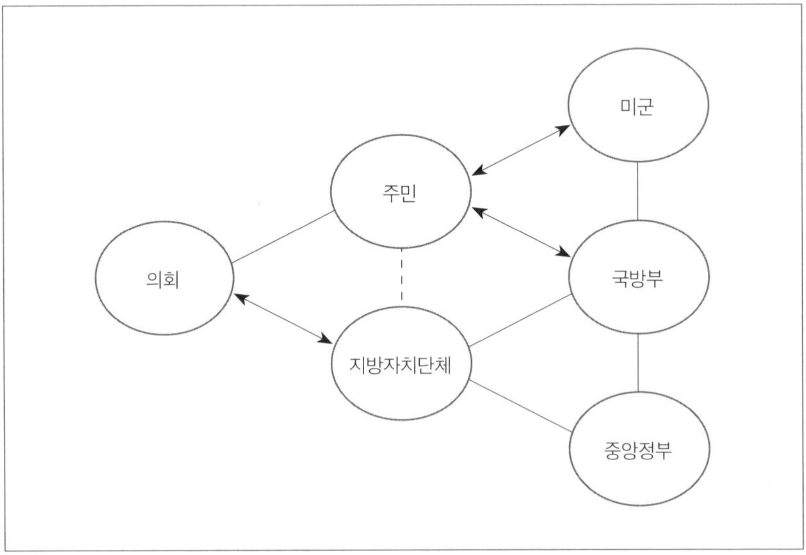


[그림 6-2] 의회-주민 연대 및 지방자치단체 지원형

활발한 활동을 전개했다.

군 사격장 문제와 관련하여 주민의 활동 양상도 조직적이고 효과적이었는데, 대(對)지방자치단체 및 의회, 그리고 대정부 활동이 왕성했다. 또한 관련 대책위 구성, 집회, 간담회, 국민권익위 방문 등을 통해 쟁점화하는 데 성공한 것으로 평가된다. 구체적 사례를 살펴보면 〈표 6-7〉과 같다. 피해지역 주민은 2010년 8월 12일 주민대책위원회를 구성하여 피해보상 등의 요구를 더욱 조직적으로 하기 시작했는데, 2014년 4월 10일 포천시와 지역주민대표단, 미2사단장, 제8사단장이 참여한 가운데 군 사격장 민원해결을 위한 '상호유대강화' 내용의 양해각서를 체결하는 성과를 얻기도 했다. 그러나 주민의 불만은 계속 증폭 · 확산되는 상황으로 이어져 2014년 12월 9일 영평 · 승진사격장 대책위가 "정부가 국가안보를 이유로 아무런 안전대책과 피해보상도 없이 주민 희생만을 강요하고

〈표 6-7〉 주민의 사격장 관련 활동 현황

| 일자 | 활동내용 |
|---|---|
| 2004. 4. 4 | 범청학련, 영평사격장 규탄 시위 |
| 2004. 10. 21 | 현재 포천시의회, 관련 특위 설치 |
| 2010. 10. 21 | 주민대책위원회 구성, 피해보상 등 요구 |
| 2014. 4. 10 | 포천시 · 지역 · 주민대표단 · 미2사단장 · 제8사단장, 민원해결을 위한 상호유대강화 양해각서 체결 |
| 2014. 12. 19 | 영평 · 승진사격장 대책위 대정부 투쟁 성명서 발표 |
| 2015. 4. 3 | 포천주민 대규모 시위 |
| 2015. 10. 19 | 범대위 발족 활동 |
| 2015. 10. 28 | 촛불시위 |
| 2016. 4. 4 | 폭음 관련 주민 시위 재개 |
| 2016. 4. 29 | 미8군 앞 시위 |

있다"는 요지의 대정부 투쟁 성명서를 발표했고, 이후 집회활동이 강화되었다. 2015년 2월 11일에는 주민, 국방부, 미군 등이 참여한 가운데 피해보상의 구체적 단계로서 영평사격장 주변의 소음측정에 합의했다. 그러나 또 다른 사격 피해가 발생하여 2015년 4월 3일에는 포천 주민의 대규모 시위가 이어졌으며, 2015년 10월 19일에는 군사격장피해범시민대책위가 구성되었다. 이어서 같은 달 28일 촛불시위가 열렸으며, 2016년 4월 4일에는 사격장 폭음을 발단으로 주민의 시위가 재개되고 4월 29일에는 미8군 정문 앞 시위로 이어졌다.

주민의 이러한 노력은 상호유대강화 양해각서 체결, 소음측정 합의 외에도 여러 가지 성과로 이어져 향후 군 사격장 해결의 중요한 토대가 될 것으로 평가된다. 2009년 9월 1일 포천시와 8사단이 '승진훈련장 관광자원 활용' 양해각서를 체결했고, 2012년 7월 19일 김영우 의원이 군시설주변지역지원법을 대표 발의했다. 2015년 4월에는 미8군 사령관과 도지사가 주민을 대상으로 공개 사과를 했다. 2015년 3월에는 포천시가 영평사격장 관광지 사업인 '포천 힐마루 관광 · 레저 조성사업'을 승인 · 고시했고, 5월 14일 포천시 피해대책지원센터를 개설하기도 했으며, 7월 13일에는 군 사격장 피해지역 지원 사업 보고회를 개최했다. 2015년 12월 30일에는 미2사단장이 주민설명회를 통해 재발방지를 약속했다. 아울러 정부 차원의 노력도 강화되기 시작했는데, 2016년 2월 4일 경기도가 군 사격장 주변지역 주민피해대책을 촉구하는 건의안을 통과시키면서 향후 법제정 필요성을 건의했다. 2016년 3월 18일 국민권익위에서 영평사격장 현장을 확인하고 제반 문제점을 파악했다.

포천시의회의 관련 의정활동도 지속적으로 전개되었는데, 주민의 입장을 적극 대변하는 역할이 주를 이뤘다. 상세한 의정활동내용은 〈표

〈표 6-8〉 군 사격장 피해보상 관련 포천시의회 의정활동 현황

| 구분 | 활동내용 |
|---|---|
| 조례 처리 | - 사격장 피해보상 촉구 특별위원회 계획서(2015. 1. 30) |
| 시정 질의 | - 포천지역의 미군 공여지역 특별법안 관련성(2004. 11. 18)<br>- 군부대사격장피해대책특별위원회 추진 실적(2006. 11. 7)<br>- 피해조사 · 대책 마련 연구용역 추진 현황(2008. 10. 31)<br>- 사격장 소음, 진동 등 피해대책(2009. 4. 30)<br>- 승진훈련장의 관광자원 활용방안(2009. 9. 16)<br>- 사격장 주민피해방지대책(2014. 11. 18)<br>- 사격장 등 군사시설 주민피해대책(2015. 5. 14) |
| 승인안 처리 | - 특위 변경계획서(2015. 12. 31) |
| 결의안 처리 | - 사격장 피해대책 특위구성(2007. 12. 20)<br>- 사격장 피해보상 촉구(2014. 12. 18) |
| 현장 활동/실사 | - 군사시설 규제완화 및 지원대책 결의대회(2008. 8. 26)<br>- 미8사단과 주민 간 간담회(2008. 9. 19)<br>- 관련 집회 동참(2015. 4. 29)<br>- 피해대책 토론회(2016. 1. 28)<br>- 주민대책위 방문 격려(2016. 3. 9) |
| 특위 구성운영 | - 관련 특위 설치(2004. 10. 21)<br>- 보상촉구 특위 구성(2014. 12. 19) |

6-8〉과 같은 바, 1건의 조례처리를 비롯하여 시정질의 7건, 승인안 처리 1건, 결의안 처리 2건, 특위 구성활동 등이다. 이외에도 결의대회 및 간담회를 통한 주민 의견수렴과 의회 이슈화, 주민대책위와의 다양한 공조활동을 실시했고, 의원 개개인의 언론활동 및 지역구에서의 역할 등을 통해 군 사격장 문제를 공론화하는 데 주력했다.

## 다. 광역 화장장 유치[14)]

### 1) 사업개요 및 추진 현황

포천시 광역 화장장 사업은 경기도가 중점 추진의제로 선정할 정도로 그 필요성이 절실했고, 포천시에서도 도(道)사업을 유치하여 장사시설의 확충 및 지역경제 활성화를 도모하려고 했으나, 절차상의 문제로 의회와 주민의 반대에 봉착했다. 그 결과 의회에서의 승인이 부결되었고, 주민 간에 법정소송 등 갈등이 증폭되어 지역 민심을 악화시킨 사업으로 각인되었다.

광역 화장장 사업을 개괄해보면 〈표 6-9〉와 같이 포천시 영북면에 약 10만 평의 규모로 화장로 10기, 봉안당 2만 5,000기, 자연장지 2만 5,000기를 설치하기 위해 약 1,349억 원의 예산을 투입하는 사업이다. 이 사업에는 '광역 화장장'이라고 명칭을 붙인 것처럼 포천시, 가평군, 구리시, 남양주시, 동두천시, 양주시, 의정부시, 철원군 등 8개 시 · 군이 참여하고 있다.

그동안의 추진경과를 살펴보면, 2009년 3월 24일 경기도에서 이 사업을 추진과제로 제안한 이후, 포천시가 2009년 6월 이후 중점 사업으로 선정하여 관련 시설 견학 및 주민설명회 등을 개최하는 등 사전 정지작

---

14) 광역 화장장은 비선호시설로서 님비갈등을 초래하는 대표적인 사안으로, 전국에 약 54개소가 있으나 그 수가 턱없이 부족하다. 그러나 화장장 시설은 주민 복리와 편의를 위해 건설이 불가피하다. 이러한 문제로 인해 여러 지역에서 화장장 건설에 따른 갈등이 점증하고 있는 실정이다. 오재록 외, "서남권 광역 화장장 갈등 사례 분석: 정책 정당성 이론을 중심으로", 「2014 한국정책학회 춘계학술대회」, pp. 481-501.

〈표 6-9〉 포천시 광역 화장장 사업개요 및 추진 현황

| 구분 | | 내용 |
|---|---|---|
| 사업 개요 | 추진내역 | - 경기 동북부 공동 화장장 설치 |
| | 위치 | - 포천시 영북면 야미리 |
| | 사업비 | - 총 1,349억 원(국비: 209억 원, 도비: 573억 원, 시비: 331억 원)<br>- 장사시설: 810억 원, 차폐시설: 539억 원 |
| | 규모 | - 부지: 약 10만 평<br>- 본시설: 화장로 10기, 봉안당: 25,000기, 자연장지: 25,000기<br>- 부대시설: 장례식장, 식당, 매점, 공원, 차폐시설 |
| | 참여 지방자치단체 | - 포천시, 가평군, 구리시, 남양주시, 동두천시, 양주시, 의정부시, 철원군 |
| 주요 추진경과 | | - 2009. 3. 24, 경기도에서 추진과제 제안<br>- 2009. 6~2010. 12, 포천시 중점 사업 선정, 견학 및 주민설명회 등 개최<br>- 2011. 1. 26, 포천시 추진위 구성<br>- 2011. 5. 11, 참여지방자치단체 양해각서 체결<br>- 2011. 8. 29, 후보지 부지 공모, 영북면 선정<br>- 2011. 8~2013. 1, 영북면과 4차 협상, 주민갈등 초래<br>- 2013. 1. 25, 지방자치단체-시민 실무협상 타결<br>- 2013. 2. 3, 포천시의회 부결 |
| 쟁점 | | - 부지 선정 및 배상, 주변 지역과의 차별<br>- 지역개발 및 관광자원과 배치 문제<br>- 혐오시설 유치에 따른 지역 이미지 훼손 |
| 의회의 역할 | | - 주민의 찬반 논란 확인 및 조정<br>- 주민의 입장 수렴 및 지역발전 문제 종합적 판단<br>- 지방자치단체의 추진 강행 견제 및 주민 입장 반영 주력<br>- 예산 · 여론 등 핵심문제 인식, 사업 추진 부결 조치 |

업을 실시했다. 처음에는 시의회, 주민, 지방자치단체 모두 그 필요성에 공감하여 2011년 1월 26일 추진위를 구성했고, 2011년 5월 11일 사업에 참여하는 지방자치단체 간의 양해각서도 체결되는 등 사업이 순조로웠으며, 2011년 8월 29일 후보지 부지 공모에 이어 영북면이 우선협상지로 선정되었다. 이에 따라 포천시에서 2013년 초까지 주민갈등 상황에서도

4회의 협상을 진행하여 2013년 1월 25일 포천시와 영북면 야미리 주민 간의 실무협상이 타결되었다. 그러나 이 문제가 영북면 전체 문제로 확대되면서 법정소송과 주민투표 등의 상황으로 이어지는 등 갈등이 증폭되었고, 급기야 2013년 1월 25일 포천시의회에서 안건이 부결되었다.

### 2) 사업 및 의정활동 평가

포천시 광역 화장장 설치는 전술했다시피 추진 과정에서 지방자치단체와 의회 및 주민 간의 입장이 변화되는 상황을 보였다. 지방자치단체는 찬성하는 주민을 설득하여 사업을 강행하려고 했고, 의회는 주민의 반대여론에 공감하여 지방자치단체의 광역 화장장 추진안을 부결시켰다. 따라서 필자는 광역 화장장 사업을 〔그림 6-3〕과 같이 지방자치단체와 의회가 상호 대치하는 의회-주민 연대 및 지방자치단체 지원형으로 규정했다.[15)]

이 사업은 포천시가 면(面) 단위가 아닌 리(里) 단위 주민을 상대로 사업을 추진하다가 영북면 전체 주민의 문제로 비화되어 사업추진이 복잡하게 전개되면서 갈등이 증폭되고 의회의 역할이 커지게 되었다. 먼저 주민의 갈등 상황을 살펴보면 2010년 7월에는 포천시에서 추모공원 건립 가능성을 타진하기 위해 시의원, 이 · 통장, 주민 등 30여 명을 동원하여 충남 홍성 추모공원을 방문했는데, 어느 정도의 공감대를 조성하는

---

15) 갈등구조는 지방자치단체에서 빈번하게 발생하는 유형으로, 심의민주주의에서 흔히 말하는 '가치 다원화' 환경에서 발생한다. 광역 화장장 문제는 지방자치단체가 주민과 의회의 가치를 외면하는 데서 발생한 전형적 문제라고 할 수 있다. 문태현, pp. 45-65.

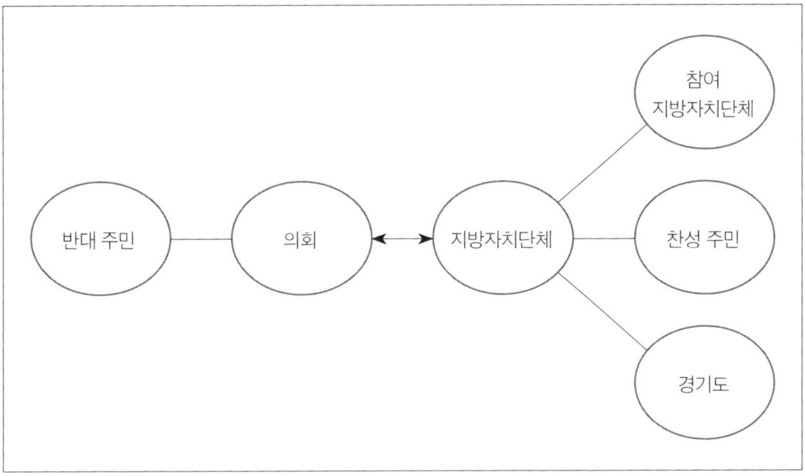


[그림 6-3] 지방자치단체-의회 대치형[16]

데는 성공했다. 2010년도에는 포천시에서 기본계획을 수립하여 공모를 시작했고, 2010년 12월 15일 포천시 추모공원건립위원회도 구성되었다. 그러나 비슷한 시기에 주민의 갈등이 복잡하게 전개되기 시작하다가 마침내 2011년 7월 7일 영중면 · 영북면 · 화현면 주민이 화장장 반대 서명운동과 포천시청 앞에서의 시위를 전개하는 등 유치를 반대하는 움직임이 확산되었다.

이러한 사태에도 불구하고 포천시 등 참여 지방자치단체들은 공동으로 영북면을 우선협상마을로 선정했고, 2011년 10월 22일에는 주민설명회가 개최되기도 했다. 이에 대해 2011년 11월 29일 영북면반대대책

16) 광역 화장장은 경기도와 인근 지방자치단체 등의 문제를 포괄하여 광역 차원의 문제를 해결하겠다는 집행기관의 가치와 주민이 원하지 않고 지역이미지를 훼손할 수 있다는 측면에서 반대하는 의회의 가치가 서로 충돌한 가치-충돌 갈등으로 볼 수 있다. 이학재, "지방의회와 지방행정기관의 갈등 양태 분석과 발전적 관계 정립방안 연구: 경기도를 중심으로", 「정부와 정책」, 제3권 제2권(2011. 2), pp. 101-128; 양은주 외, "정책갈등의 원인과 주요영향요인에 관한 연구: 하남시 광역 화장장 사례를 중심으로", 「공공정책과 국정관리」, 제6권 제1호, pp. 3-28.

위에서 우선협상마을 무효 확인 청구소송을 제기했다. 2012년 3월 20일 사법부에서는 주민투표 실시를 권고했으며, 5월 20일 영북면 주민의 투표가 이뤄졌고, 그 결과 반대표가 많아 광역 화장장 설치문제는 법적으로 불가능한 상황이 되었다. 화장장 추진 측에서는 선거에 불복하여 무효소송을 제기했으나, 2012년 7월 17일 기각되었다. 포천시는 투표결과에도 불구하고 주민합의각서 체결과 공동참여 시 · 군과의 실시협약 체결 등 추진계획을 설정했다.

그러나 포천시 주민의 전반적인 여론이 반대 분위기로 전환되었는데, 2012년 3월 29일 국회의원 후보 정책토론에서도 대부분의 후보가 광역 화장장 유치 및 절차 등에 문제를 제기했다. 일련의 과정을 보면, 2012년 8월 13일 영북면 광역 화장장 반대대책위원회에서 반대성명서를 발표했으며, 2012년 10월 29일 이후 포천시청 앞에서의 1인 반대시위가 이어졌다. 지방자치단체에서는 2012년 12월 이후 시의회와 포천시가 정면 충돌했고, 의회는 "영북면 주민의 의사존중", 포천시는 "정당한 행정절차" 주장 등 상호 반박하며 대립했다. 이러한 갈등은 2013년 2월 3일 포천시의회에서 안건이 부결됨으로써 종결되었다. 의회는 "산정호수 관

〈표 6-10〉 광역 화장장 관련 포천시의회 의정활동 현황

| 구분 | 내용 |
|---|---|
| 시정질의 | - 광역장사시설 건립 추진(2011. 9. 8)<br>- 장사시설 건립 추진(2012. 3. 19)<br>- 장사시설 건립 추진 서면질의(2012. 11. 23)<br>- 장사시설(2014. 4. 14) |
| 동의안 처리 | - 광역 화장장 주민지원협약서 체결 동의(2013. 2. 5) |
| 예 · 결산 처리 | - 화장장 예산 6,000만 원 삭감 |
| 주민간담회 | - 1인 시위자 간담회, 주민반대에 동의(2012. 11. 21) |

광지 입구와 43번 국도 주변(입지 조건)에 화장장이 부적절하게 위치하고 있으며, 재원 조달 방안이 불투명하고, 주민반대가 심하다"는 등의 부결 이유를 제시했다.

의회는 이 과정에서 지방자치단체를 감시하고 주민의 의견을 적극적으로 반영하려는 노력을 전개했는데, 시정질의 4건을 포함하여 사전계획 없는 예산안 처리에 제동을 걸어 관련 예산 6,000만 원을 삭감했고, 반대시위를 하는 주민을 설득했다.[17)]

## 라. 장자일반산업단지 건설

### 1) 사업개요 및 추진 현황

포천시 장자일반산업단지 조성사업은 〈표 6-11〉과 같이 포천시 신북면 신평리의 약 46만 평 부지에 산업단지 조성, 집단에너지 공급, 폐수처리 및 용수 공급 등 3개 사업을 추진하는 것이다.

이 사업은 2016년 말까지 그 완공을 목표로 했는데, 현재까지 추진 경과를 보면 2006년 1월 타당성 검토를 시작으로 2008년 1월에 주한미군 공여사업 지원사업을 확정했고, 2010년 9월에 경기도에서 사업계획

17) 포천시의 광역 화장장 유치는 종결되었으나, 수도권 및 경기도 일원에서는 계속적인 사업추진이 진행되고 있다. 현재도 일부 포천시 주민이 사업의 필요성을 제기하고는 있으나 더 이상의 사업전개는 곤란한 상황이다.

〈표 6-11〉 장자일반산업단지 사업개요 및 추진 현황[18)]

| 구분 | | 내용 |
|---|---|---|
| 사업 개요 | 추진내역 | - 복합적 기능의 일반 산업단지 조성 |
| | 위치 | - 포천시 신북면 신평리 |
| | 사업비 | - 총 2,019억 원<br>- 단지조성: 849억 원, 폐수처리: 586억 원, 공업용수: 306억 원, 진입도로: 289억 원 |
| | 규모 | - 46만여 평<br>- 산업단지 조성, 집단에너지 공급, 폐수처리 및 용수공급 등 3개 사업 |
| | 사업시행자 | - 포천시, 극동건설, 신평산업단지개발 |
| 주요 추진경과 | | - 2006. 1, 타당성 검토<br>- 2008. 1, 주한미군 공여사업 지원사업 확정<br>- 2010. 9, 산업단지 계획 경기도 승인<br>- 2011. 3, 착공, 설계변경으로 공사 지연<br>- 2012. 12. 24, 변경(안) 승인<br>- 2016. 12, 공사 준공 예정 |
| 쟁점 | | - 법인 설립 과정의 문제점<br>- 집단에너지 연료 선정 문제<br>- 중요한 사업의 수의 계약 등 시 · 업체 간 유착 의혹<br>- 공업용수 미확보 |
| 의회의 역할 | | - 관련 특위 구성, 실태조사<br>- 지방자치단체 사업추진의 적정성 조사 및 시정 요구<br>- 주민의견 수렴과 정상적 사업추진 독려 |

을 승인했다. 2011년 3월 공사 착공은 했지만 곧바로 공사착공을 하지 못하고 설계변경이 이뤄져 2012년 12월 24일 변경안이 승인되어 뒤늦게 공사가 진행되고 있다. 그러나 집단에너지 공급에 있어서 LNG를 석탄으로 변경함에 따라 주민의 집단적인 반발에 직면했고, 지방자치단체는 주민의 편에 서서 의회와 대립하는 상황에 놓여 있다. 이외에도 이 사업은

18) 포천시, 『2010-2016 시정주요업무』, pp. 전략사업과-16-20.

다양한 문제점을 보이고 있는데, 특수목적법인의 설립 과정, 적법한 절차, 폐수처리 및 공업용수 등이 부각되고 있으며, 이러한 모든 책임의 이면에 지방자치단체가 관련되어 있다는 의혹이 제기되고 있다.

그동안 주민의 입장은 몇 가지 사례에서 잘 드러나 있다. 주민의 반대 움직임은 2014년 5월을 기점으로 시작되었는데, 2014년 6월 16일 장자산단 유연탄에 반발한 주민의 첫 집단시위가 있었고, 6월 18일 통합주민대책위에서 포천시장 사퇴압박 주장이 이어졌다. 2016년 8월 5일에는 포천시의 환경운동본부를 비롯한 각계각층 인사가 반대성명 및 언론활동에 동참했다. 이 밖에도 2015년 9월 이후 발전소 저지 도시가스확대 추진 범시민연대를 중심으로 한 회의가 이어졌으며, 시민 서명운동이 실시되었다.

## 2) 사업 및 의정활동 평가

포천시의회는 장자산업단지 조성사업과 관련하여 활발한 의정활동을 전개했다. 이 사업은 지방자치단체가 업체와 유착되어 있다는 의혹이 제기된 가운데 환경문제를 두고 대부분의 주민이 반대하는 움직임을 보이고 있으며,[19] 의회가 이를 대변하는 역할을 하고 있다. 따라서 필자는 장자산업단지 건설사업을 [그림 6-4]와 같이 주민 연계 의회의 지방자치단체 감시 및 견제형으로 규정했다.

의회활동을 살펴보면, 〈표 6-12〉와 같이 제반 분야에서 더욱 체계적

---

19) 장자일반산업단지 조성에 대해 시민은 포천시 발전보다는 환경문제를 유발하고, 시장의 무리한 정책수행이 장차 지속적인 문제를 유발할 것이라는 문제의식을 안고 있다.

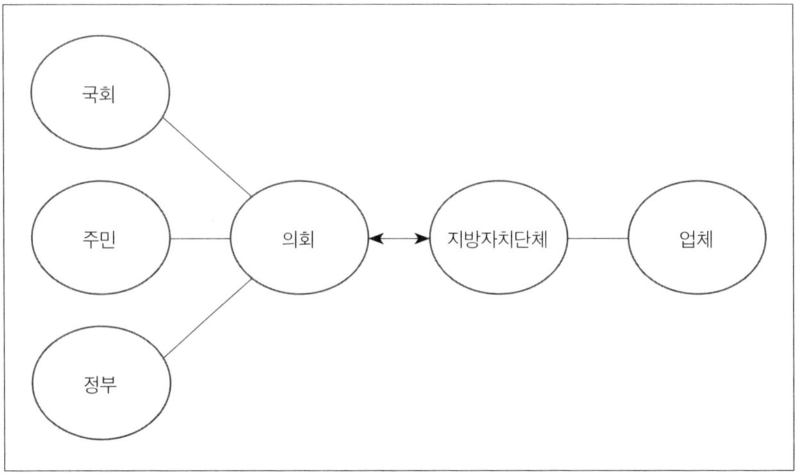


[그림 6-4] 주민 연계 의회의 지방자치단체 감시 및 견제형

〈표 6-12〉 장자일반산업단지 사업 관련 포천시의회 의정활동 현황

| 구분 | 내용 |
|---|---|
| 시정질의 | - 주한미군 공여 주변지역 지원사업 추진 현황(2009. 4. 29)<br>- 발전소 주변지역 주민갈등 해소방안(2012. 3. 19)<br>- 유연탄 변경 시 · 업체 유착 의혹 5분 발언(2014. 4. 8)<br>- 에너지 공급의 석탄추진(2014. 12. 17)<br>- 장자산업단지(2014. 12. 18)<br>- 산업단지 조성사업(2015. 5. 14) |
| 동의안 처리 | - 신북산업단지 조성 MOU 체결(2011. 10. 20)<br>- 열원부지 매입 확약(2011. 12. 21)<br>- 산업단지 조성사업 책임분양(2012. 3. 20)<br>- 장자산업단지 제1공구 자금대여(2013. 5. 30) |
| 승인안 처리 | - 장자산업단지 행정사무조사 변경계획서(2015. 5. 26/6. 17) |
| 결의안 처리 | - 주한미군 공여 주변지역 지원 특별법 개정 촉구(2007. 9. 21)<br>- 관련 특위 구성(2015. 5. 15) |
| 현장 활동 · 실사 | - 조성사업 현장 답사(2013. 5. 21)<br>- 신평리 주민간담회(2014. 10. 22)<br>- 행정사무감사(2014. 5)<br>- 간담회(2015. 6~9 10회)<br>- 석탄발전소 관련 간담회(2016. 2. 12) |
| 특위 구성운영 | - 장자일반사업 행정사무조사특별위원회 |

이고 조직적으로 대처한 것으로 평가된다. 이는 2015년 9월 16일 주 업체인 GS E&R(주)이 사업 중단에 대한 보상을 전제하는 등 포천시를 압박했고, 2015년 12월 31일 포천시장이 포천시 의원을 강력히 비난했으며, 시민의 반대에도 불구하고 석탄발전소 홍보에 주력하는 상황에서 긍정적인 활동으로 평가된다.

동 사업은 현재도 진행되고 있는 사업으로서 〈표 6-12〉와 같이 포천시의회의 활동내용을 개관해보면, 주민갈등 해소, 시와 업체 간의 유착 의혹, 사업추진의 전반적인 과정 등 총 6건의 시정질의가 있었고, 동의안 처리 4건, 승인안 처리 1건, 특위 구성 등 결의안 처리 2건, 현장 답사 및 간담회, 특위의 행정사무감사 등이 포함되어 있다.

# 3
# 사례 분석 종합 평가

포천시의회의 의정활동은 위에서 언급한 구리-포천고속도로 건설, 군 사격장 보상문제 해결, 광역 화장장 유치 문제, 그리고 장자산업단지 건설 등 4개의 사례 및 유형에 대한 분석을 통해 그 역할과 수행 과정을 확인할 수 있었으며, 의회가 어떠한 역할을 할 것인가와 활동상 어떠한 제한사항이 있는가에 대한 충분한 시사점을 보여주었다. 물론 4개의 유형 외에도 지방자치단체와 의회 그리고 주민의 관계에서 다양한 형태가 있을 수 있으며, 의회는 '주민 복리'라는 관점에서 그 유형에 합당한 최적의 활동 방향을 찾는 것이 요구될 것이다. 이는 의회가 열악한 환경에서 그 역할이 막중하며, 의정활동의 범위도 분명하지 않다는 것을 시사한다.

필자는 4개의 유형별로 의회에 요구되는 역할과 그 역할 수행 과정에서 자주 발견된 문제점을 〈표 6-13〉과 같이 정리했다. 먼저 4개의 유형별 요구 역할을 살펴보면, 구리-포천고속도로 건설에서는 의회가 지방자치단체와 주민, 그리고 중앙정부와 경기도의 중간지점 그리고 포천시

<표 6-13> 의회의 사례별 의정활동 역할과 한계

<table>
<tr><th>유형별</th><th>요구 역할</th><th>문제점 및 한계</th></tr>
<tr><td>①<br>구리-포천고속도로 건설:<br>지방자치단체-의회-주민 협력형</td><td>- 의정활동 다양화<br>- 주민 요구 지방자치단체에 반영<br>- 주민과의 적극적 소통<br>- 지방자치단체와의 원활한 협조<br>- 사업의 적극적 개입<br>- 사업의 적극적 홍보<br>- 중앙 · 인근 지방자치단체 가교 역할</td><td rowspan="4">① 의정활동 전문성 제한<br>② 의정활동 지속성 미(未)보장<br>③ 의회 내 업무소통 제한<br>④ 지방자치단체 견제 · 감시 제한<br>⑤ 지방자치단체 업무한계 · 재정부족<br>⑥ 의원활동 환경 문제</td></tr>
<tr><td>②<br>군 사격장 보상 문제:<br>의회-주민연대 및 지방자치단체 지원형</td><td>- 의정활동 정상화<br>- 지방자치단체-주민 간 중재 역할<br>- 지방자치단체의 입장 촉구<br>- 주민 입장 적극 반영<br>- 군 기관 등 설득</td></tr>
<tr><td>③<br>광역 화장장 유치:<br>지방자치단체-의회 대치형</td><td>- 의정활동 정상화<br>- 주민 입장 적극 반영<br>- 주민활동 동참<br>- 지방자치단체 견제 및 감시<br>- 인근 및 경기도 중재</td></tr>
<tr><td>④<br>장자산업단지 건설:<br>주민 연계 의회의 지방자치단체 감시 · 견제형</td><td>- 의정활동 적극 전개<br>- 지방자치단체 감시 견제<br>- 주민 입장 적극 반영<br>- 업체 행정 감시</td></tr>
</table>

의 내외부에서 역할을 수행해야 한다. 즉, 포천시 내부에서는 지방자치단체와 주민 모두를 지원하거나 조정하는 역할을 수행하며, 사업의 원활한 추진을 위해 적극적인 개입과 홍보를 했다. 포천시의 경계와 외부 영역에서는 지역발전에 있어서 중요한 현안임을 설득하고 중앙정부와 경기도가 적극 협력할 수 있도록 가교 역할을 담당했다.

포천시의 한 · 미 군 사격장 문제해결은 주민이 전면에 나서서 정부와 한 · 미군, 그리고 정부 입장을 고려해야 하는 지방자치단체와 대립각을 세우는 상황에서 주민을 지원하고 지방자치단체가 역할을 할 수 있도록 압박했다. 군 사격장 문제는 오랜 기간 지속되어왔고, 주민의 희생을 강요한 측면이 있는 등 충분한 명분이 동력으로 작용하여 의정활동이 활발히 전개되었다. 따라서 주민의 편에 서서 관련 문제점과 해결방안을 제시하고, 지방자치단체가 눈치를 보지 않고 문제해결에 적극 나서도록 독려한 활동이 가능했다.

광역 화장장 유치는 주민의 입장을 대변하는 의회와 경기도 및 인근 지방자치단체와 협력하는 지방자치단체가 정면충돌한 사업으로서 의회는 주민의 입장을 관철하기 위해 사업안을 부결시켰다. 또한 주민 간에도 이해관계와 상호 입장 차이로 인해 극심한 갈등이 있었는데, 오직 주민의 복리를 우선시하는 의회만이 이를 조정할 수 있는 입장이었다. 다행히도 법정 공방 상황에서 사법부가 주민투표를 권고했고, 의회가 주민의 의사를 반영하여 최종결정을 내린 것은 의회민주주의의 실현 측면에서 매우 모범적인 사례였다.

마지막으로 장자산업단지 조성사업은 의회가 국회, 주민 그리고 정부와 공감하는 상황에서 업체의 입장을 우선시하는 지방자치단체와 정면충돌함은 물론 제기되는 제반 문제를 의회 차원에서 규명하고자 하는 노력을 전개했다. 이 사업은 현재까지도 논란이 지속되고 있으며, 환경문제가 핵심문제로 부각되어 사업 변화가 불가피할 것으로 판단된다.

그러나 위 4개 사례에서 의회는 그 역할을 충실히 수행하는 과정에서 다양한 문제점과 한계에 봉착했다. 먼저 의회의 역할과 기능 측면에서 대두되는 문제가 의원의 전문성 제한이다. 의원은 의정활동 대상이 되는 의제에 대해 충분한 지식과 경험이 필요하나 학계 등 전문기관의 지원이 제한되고 예산도 부족하여 지방자치단체의 보고와 전문위원의 자문에 의존하는 경우가 많다. 지방자치단체의 현안에는 국방 혹은 국가 차원의 중요한 문제가 포함되어 있는데, 지방자치법에 의해 중앙부처 사무로 제한되어 관여하기도 어렵다. 의회는 지방자치단체와 충돌하는 상황에서는 관련 정보가 부실하고 심의자료가 제때 제공되지 못하는 애로를 겪는다. 특히 문제가 되는 사업에서는 이러한 현상이 심화된다.

둘째, 의정활동의 지속성이 보장되지 않는 점이다. 포천시의회의 경우 재선 비율이 낮아서 의제를 지속적으로 알고 있는 의원이 적으며, 사전에 관련 전문성을 갖추는 경우도 드물다. 위 사례의 사업과 같이 다수의 포천시 사업은 사업의 제기에서 완공 시까지 수년이 소요되는 데 반해, 의원이 짧은 의정활동을 통해 이를 모두 파악하고 관여하기에는 한계가 있다. 특히 수년간 문제를 제기해온 주민 및 관련 단체와 활동경험을 공유하지 못하여 소통이나 주민을 대변하는 데 불리한 상황이 발생한다.

셋째, 의회 내의 업무소통이 제한적이다. 이는 의원이 각자의 지역구 문제에 집착하고, 정당의 입장을 주장하거나 위원회 중심으로 의정활동이 전개되다 보니 의회전체의 문제가 소수 의원의 결정으로 진행되는 사례가 발생한다. 또한 의원들은 일반적으로 지역구와 관련된 성과 및 치적에 주력하고, 정당 입장을 수용하는 성향이 있다. 이로 인해 반대 입장을 표명하거나 자신의 지역구 문제에 간섭하는 것을 거부하기도 한다.

넷째, 의회가 지방자치법에 근거하여 활동하는 정상적인 의정활동의 수행에서 중심이 되는 지방자치단체의 감시 및 견제에서 한계를 드러내는 점이다. 무엇보다도 지방자치단체의 예산편성 과정에서 의회의 역할이 충분히 반영되지 못했다. 또한 사업허가권이 지방자치단체에 있어 사전에 의회의 심의나 동의가 없는 상태에서 각종 사업이 추진되어 문제가 불거지기 전에는 의회에서 이를 미리 감지하기가 어려운 입장이다. 그리고 의회사무국 직원의 인사권도 지방자치단체장이 가지고 있어 의회사무국 직원이 의원보다는 지방자치단체장을 주목하는 경우가 많다.

다섯째, 지방자치단체의 업무 한계와 재정부족이다. 이는 의회뿐만 아니라 지방자치단체가 동시에 감당해야 할 문제로서 의회가 자체적으로 지역발전을 위한 정책을 개발하거나 예산편성에 관여하기 어려운 이유라고 할 수 있다. 특히 포천시의 재정자립도가 경기도에서 최하위에 머물고 있는 상황에서는 주민이 요구하는 각종 보상문제에서도 의회는 중앙정부 및 경기도 그리고 지방자치단체의 노력을 촉구하는 입장에서 한 걸음도 더 나아갈 수 없다. 또한 지방자치단체가 지역에 각종 예산을 유치하기 위해 주민에 반하는 사업을 유치하는 경우에도 지방자치단체보다는 주민의 입장을 대변해야 할 곤란한 상황에 직면하기도 한다.

마지막으로 의원 개인이 지방의회 의원으로서 의정활동을 하는 데 따르는 제한사항이 있다. 의원은 정당에 소속되어 있어 공천 또는 당론을 의식하거나 지역구민의 입장을 고려하기 때문에 전적으로 공정한 업무를 수행하기가 어렵다. 또한 열악한 활동비로는 앞서 언급한 다양하고 전문적인 수준의 사업을 확인하고 분석하는 활동을 병행하기가 쉽지 않다. 결론적으로 의정활동상 문제를 종합해보면 포천시는 도농복합지로서 광활한 지역과 다양한 주민, 다문화의 확산, 수도권 인접 및 접경 지역이라는 문제를 안고 있는데, 더불어 의원이 감당해야 할 새로운 문제가 지속적으로 발생하고 있다. 이러한 문제를 해결하기 위해 의원 개개인의 역량 강화가 수반되고, 지방자치제의 제반 운영도 변화를 제때 수용하여 발전이 필요한 시점으로서 지방자치단체와 의회의 지속적이고 진취적인 노력이 요구된다.

# 4
# 포천시의회 의정활동 분석

## 가. 조사 개요

필자는 포천시 의정활동 전반에 대한 의견을 확인하기 위해 2016년에 포천 시민 101명, 공무원 및 관련 업무 종사자 22명, 전문직 및 군인 69명 등 총 192명을 대상으로 설문조사를 실시했다. 이 중에서 남성은 122명이며, 여성은 70명이다. 연령대별로는 20~30대가 44명, 40~50대가 125명, 60세 이상이 23명이다. 설문 문항은 다음과 같다.[20)]

① 포천시 자치업무에 대한 평가

② 포천시의회 의정활동 평가

③ 포천시의회의 지역발전 역할

20) 지방자치제와 관련한 일반적인 설문문항은 지방선거 요인, 의정활동 요인, 지방정당 요인, 지역발전 요인 등으로 수렴된다. 특히 지방정치 활성화와 주민만족도 제고가 핵심 관심사로 부각되는 경우가 많다. 송건섭, "지방의회와 지방정치: 영호남지역 광역의회를 중심으로", 「한국행정논집」, 제25권 제3호(2013 가을), pp. 765-789.

④ 포천시의회의 주민 소통

⑤ 포천시의회의 지방자치단체 감시 및 견제

⑥ 포천시의회 의원의 전문성 여부

⑦ 포천시의회의 역할강화를 위한 개선 사항

## 나. 설문조사 결과

설문조사 결과는 〈표 6-14〉와 같다. 먼저 문항 1에서 포천시 자치업무에 대한 평가는 '보통'이라는 평가가 56%이고, '불만이다'와 '잘한다'가 각각 19%를 차지하고 있다. 연령별로는 20~50대에서 부정적인 의견이 많았다. 문항 2에서 포천시의회 의정활동에 대한 평가는 '보통이다'가 53%, '잘한다'가 27%로 다소 긍정적인 평가가 우세하다. 연령대별로는 60대 이상이 좀 더 긍정적이었다. 문항 3에서 포천시의회의 지역발전 역할에 대한 평가는 '보통이다'가 45%, '그렇다'가 32%로 의회의 역할에 대해 그 역할의 중요성을 수긍하고 있었다. 문항 4에서 포천시의회의 주민 소통에 대해서는 47%가 '보통이다', 26%가 '그렇다'라고 응답한 반면에 24%가 '그렇지 못하다'고 응답하여 주민과의 소통에 대한 부정적 의견이 내재함을 보여주었다. 문항 5의 포천시의회 의원의 전문성 여부에 대해서는 '보통이다'가 49%, '그렇다'가 22%, '그렇지 못하다'가 28%로 전문성 제고에 대한 관심이 반영되고 있다. 마지막으로 문항 7에서 포천시의회의 역할강화를 위한 개선사항에 대해서는 '조례제정' 16%, '행정사무감사' 21%, '예 · 결산 심사' 19%, '주민과의 소통'

〈표 6-14〉 포천시의회 의정활동 설문조사 결과(단위: %)

| | | | | | |
|---|---|---|---|---|---|
| 문항 1 | 포천시 자치업무에 대한 평가 | | | | |
| 매우 잘한다 | 1 | 잘한다 | 19 | | |
| 보통이다 | 56 | 불만이다 | 19 | 매우 불만이다 | 5 |
| 문항 2 | 포천시의회 의정활동 평가 | | | | |
| 매우 잘한다 | 3 | 잘한다 | 27 | | |
| 보통이다 | 53 | 불만이다 | 15 | 매우 불만이다 | 3 |
| 문항 3 | 포천시의회의 지역발전 역할 | | | | |
| 매우 그렇다 | 6 | 그렇다 | 32 | | |
| 보통이다 | 45 | 그렇지 못하다 | 17 | | |
| 문항 4 | 포천시의회의 주민 소통 | | | | |
| 매우 그렇다 | 3 | 그렇다 | 26 | | |
| 보통이다 | 47 | 그렇지 못하다 | 24 | | |
| 문항 5 | 포천시의회의 지방자치단체 감시 및 견제 | | | | |
| 매우 그렇다 | 3 | 그렇다 | 27 | | |
| 보통이다 | 45 | 그렇지 못하다 | 25 | | |
| 문항 6 | 포천시의회 의원의 전문성 여부 | | | | |
| 매우 그렇다 | 1 | 그렇다 | 22 | | |
| 보통이다 | 49 | 그렇지 못하다 | 28 | | |
| 문항 7 | 포천시의회의 역할 강화를 위한 개선사항 | | | | |
| 조례 제정 | 16 | 행정사무 감사 | 21 | | |
| 예 · 결산 심사 | 19 | 주민과의 소통 | 45 | | |

이 45%로 의정활동 전반의 향상과 함께 무엇보다 주민과의 소통에 관심을 보였다.[21] 또한 남성과 여성, 연령대별 차이는 크지 않았는데, 20~30

21) 주민은 의원들이 주민의 의견을 정책에 반영하기보다는 자신과 당의 입장이나 의견을 반영하고 있다는 것으로 인식하고 있는데, 경기도의회에서 이러한 현상이 식별되었다. 엄기홍, pp. 167-189.

대에서는 '매우 잘한다'라는 평가가 3% 미만이었고, 40~50대는 5% 미만, 그리고 60대에서는 0%로 의정활동에 대한 후한 평가는 없었다.[22] 설문 말미의 의견 제시 항목에는 다양한 의견이 포함되었다. 먼저 의원 개개인의 전문역량 강화, 책임감 있고 내실 있는 활동을 요구한 내용이 많았다. 특히 전시성 행사 및 전시행정의 통제, 탁상공론식 업무 지양, 주민에 대한 무성의 등의 의견도 상당했다. 가장 주목되는 것은 주민과의 소통과 주민자치회[23] 지원 강화였다. 의정활동의 방향성과 관련하여 예·결산 감시 강화, 지역 내 주요 추진사업의 정상화, 청소년의 전문성 교육 및 일자리 창출, 의정활동의 전반적 강화, 지방자치단체의 인사 문제, 지연 및 혈연 중시, 행정불만 감시, 타 지방자치단체와 경쟁할 수 있는 지역발전의 추진 등에 대한 의견이 제시되었다. 이 밖에도 포천시의 열악한 환경 문제 및 쓰레기 처리 등 민원성 의견과 시의 홍보 강화 등 의견 제시도 있었다.

설문조사와 함께 병행한 인터뷰는 주로 전·현직 포천시(군) 의원 6명과 의회사무과 직원 10명에 대해 실시했다. 이들에 대한 인터뷰는 기록되지 않은 사무와 그동안의 발전 과정을 확인하는 내용, 포천시의회 의정활동 전반에 대한 의견, 그리고 사례로 검토한 사안에 대한 사실 확인 등이다. 위의 내용 중 포천시의회의 발전 방향과 기타 특이한 내용은 다음과 같으며, 인터뷰 대상자는 별도로 밝히지 않았다.

22) 지방의원에 대한 평가는 대체로 낮게 나타나는데 정당 공천제와 유급직화에서는 부정적인 데 반해, 의원 자신은 정당 공천을 제외하고는 긍정적으로 자평하는 경우가 강하다. 이를 개선하기 위해 활발한 의정활동, 지속적인 정당 공천, 합리적인 유급제화, 전문성 지원 등을 제시하고 있다. 장갑호 외, pp. 55-78.

23) 주민자치는 단체자치와 대별되는 용어로 주민의 참여를 활성화하기 위한 제도이며, 지역문제를 주민이 직접 참여하고 설계하는 것을 말한다. 주민자치는 지방자치의 주요 구성요소로서 참여민주주의 관점에서 정치적 의미도 중요하다. 김필두, pp. 35-60.

① 의회사무국 구성은 의안을 지원하는 형태로 구성되어야 한다.

② 소금데이(소통하는 금요일)를 운영하는 것은 모범적인 사례다.

③ 주민과의 소통을 위한 시스템 강화가 필요하다.

④ 의원의 정체성은 봉사에서 비롯되므로 본분에 충실해야 한다.

⑤ 예산확보를 통해 지역발전을 도모해야 한다.

⑥ 개발과 자원 보호라는 이중적 관점에서 균형성을 찾아야 한다.

⑦ 의원의 역량으로 지역발전에 한계가 있다.

⑧ 무엇보다 지방자치단체에 대한 감시 및 견제가 중요하다.[24)]

⑨ 여야가 협력하여 지역발전에 힘써야 한다.

---

24) 여러 가지 연구에서 제시된 바와 같이 지방의회의 역할에 대해서는 비판 여론이 팽배한 바, 중복 감사, 전문성 부족, 감사의 형식화, 감사시기의 부적절, 절차 중심화 등이 주로 제기되고 있다. 이영균 외, "지방의회 행정사무감사의 실태분석", 「지방행정연구」, 제23권 제2호, 2009. 6, pp. 167-168.

# VII

# 포천시의회의 발전 방향 모색

1. SWOT 분석기법의 적용
2. 강점과 약점/기회와 위협
3. 발전전략의 모색

# 1
# SWOT 분석기법의 적용

이 책에서는 1~4장을 통해 의정활동 여건과 실제 의정활동 사례를 심층 분석했다. 5장에서는 이러한 분석내용을 근거로 포천시의회의 의정활동과 여건에 대한 강·약점을 식별하고 이를 토대로 SWOT 분석기법을 적용하여 모범적인 발전 방향을 모색하고자 했다. SWOT 분석기법은 미래지향적 방향을 모색할 때 빈번하게 활용되며, 특히 현재 상태를 진단하는 데도 유용하다. 필자는 KISS(Koreanstudies Information Service System)에서 SWOT를 키워드로 114개의 연구논문을 분석했는데, 생존전략 및 활성화 모색 30건, 지역 및 산업발전 추진 31건, 마케팅 활용 19건, 환경 및 요인 분석 26건, 그리고 경쟁력 강화 8건 등에 이 기법이 활용되는 것을 파악했다. 즉, SWOT 분석은 현재의 상태가 성체되어 발전을 위한 출구전략이 필요하거나, 미래에 대한 불안감을 해소하고 안정적인 방향성을 원할 때 그 활용성이 증대된다고 할 수 있다.[1)]

1) 미래예측은 이슈의 확인, 통계적 분석, 창의적 예측, 우선순위 선정 등 다양한 방법을 활용하는데, SWOT 분석은 환경스캐닝, 이슈서베이 등과 함께 이슈분석에 주로 활용된다. 강민규 외, 「한국지방

SWOT 분석(또는 SWOT Matrix)은 중점 과제를 설정하고 이를 추진하는 기업, 기관 혹은 다양한 조직의 내부 환경과 외부 환경의 중요한 요인들을 분석하여 강점과 약점 요인들을 도출하고 앞서 언급한 것처럼 전략과 발전 방향, 혹은 생존전략을 수립하는 데 활동된다. 즉, 내적 요인(internal factors)인 강점(strength)과 약점(weakness)를 진단하고, 동시에 중점과제에 대한 외적 요인(external factors)인 기회(opportunity)와 위협(threat) 요소를 도출함으로써 전략을 수행할 토대를 구축하는 체계적인 전략체계를 말한다. 전략수립은 강점과 기회(S-O전략), 강점과 위협(S-T전략), 약점과 기회(W-O전략), 약점과 위협(W-T전략)의 요소 간 조합을 통해 다양한 방법으로 목표를 달성하게 된다. SWOT 분석은 앨버트 험프리(Albert Humprey)가 주도하는 하버드연구센터(현재는 SRI International)에서 1960~70년대에 약 500개의 기업 정보를 분석하면서 시도된 바, 현재에도 전략수립 방법론으로서 활용되고 있다.[2)]

SWOT 분석에서 강점은 집단과 개인이 발휘할 수 있는 이익요소이며, 약점은 불이익요소이고, 기회는 강점을 극대화하고, 위협은 문제를 초래한다. 따라서 문제를 해결하고 중점과제를 달성하기 위해서는 정확한 정보를 수집하는 것이 필요하며, 이는 과제를 달성하는 단계까지 계속되어야 한다. SWOT 분석은 최종상태(end-state)를 결정하고 이에 대한 의사결정을 해야 할 경우 유용하다.[3)] 특히 이 분석기법은 지방자치제 문제를 해결할 때도 빈번하게 사용되며, 발전 방향의 지향성을 제공하는

정부학회 학술발표 논문집」, 3호, 2013, pp. 401-402.

2) Albert Humprey, 위의 글.

3) Thomas J. Chermack, Kasshanna K. Bernadette, pp. 383-399.

데 효과적이다.[4] 이 책에서는 앞서 분석한 민주주의 이론에 따른 지방자치제의 현주소, 해외사례와 비교해볼 때 드러난 객관적인 시사점, 포천시의회의 의정활동 여건, 그리고 사례분석에서 드러난 한계 등에 근거하여 여건 분야와 의정활동 역량 분야로 나누어 SWOT 분석을 실시하고자 한다.

---

4) 류재현, "울산광역시의 SWOT 이슈 분석과 SWOT 전략 모델", 「지방정부연구」, 제15권 제1호(2011년 봄); 임영삼 외, "포천시의 지속가능한 지역사회 발전과 스포츠 산업 추진전략", 「한국엔터테인먼트산업학회논문지」, 제6권 제4호; 김홍식 외, "경기도의 대중국 관광마케팅 기본연구", 경기개발연구원 「기본연구」, 2009-02(2009. 11); 이수진, "경기도 지역축제 차별화방안에 관한 연구", 경기개발연구원 「정책연구」, 2009-41(2009. 11); 정대철 외, "경남지역 중소기업의 수출 관련 실태 분석과 활성화 방안", 경남발전연구원 「중점정책연구」, 2010. 10; 이훈익, "문화 콘텐츠 목표시장 선정 평가모형 개발을 위한 시론", 「문화경제연구」, 제14권 제1호, 2011년 6월; 김영만, "무궁화 메카도시의 지향가치", 「인문콘텐츠」, 제19호, 2011년 11월; 김진덕 외, "충북지역 경제특성 및 활성화 방안", 「충북 Focus」, No. 44(2011-25).

# 2
# 강점과 약점/기회와 위협

포천시의회의 의정활동 여건에서의 강 · 약점은 〈표 7-1〉과 같다. 먼저 의정활동 여건 측면에서의 강점 부분을 살펴보면 포천시 자체적으로 생성하거나 보유한 강점보다는 국가의 전반적인 정치발전과 제도적 개선에 기인한 부분이 많다. 그중 포천이 내세울 수 있는 강점은 여건으로서 광활한 지역을 기반으로 한 발전 잠재력이 크다는 것이다. 또한 포천시민은 접경지역에 면해 있는 토착적 주민의 의식을 가지고 있어서 의회활동에서 요구되는 의원에 대한 변치 않는 지지나 국가적 문제에 대한 호응과 인내심이 유별나다는 점이다. 포천시의회는 우리나라 정치발전에 힘입어 민주주의의 경험을 축적했고, 지방자치단체의 운영도 더욱 전문적으로 개선되고 있다. 이러한 환경은 지역정치의 전반적인 발전에 힘입은 바 크다. 아울러 지방자치단체법도 상당 부분 부칙으로 추가되고는 있지만, 이제는 지방자치단체 및 의회가 활동하기에 부족함이 없는 법체계로 자리 잡고 있다.

다음으로 포천시의회의 의정활동 역량 측면의 강점을 살펴보면, 〈표

〈표 7-1〉 포천시의회 의정활동 여건 SWOT 분석

| | 강점(Strength) | 약점(Weakness) |
| --- | --- | --- |
| 내적 요인 (Internal) | - 광활한 지역과 자원 보유<br>- 주민의 지역의식 확고<br>- 집권당 지지 성향<br>- 민주주의의 다양성 및 정치성숙화<br>- 지방자치단체 운영방식의 개선<br>- 지방자치단체의 독립적 영역 부여<br>- 지역 정치 여건 성숙<br>- 지방자치단체 법률 및 제도의 완성 | - 보수적, 지연 · 학연 · 혈연 중시<br>- 지역발전의 낙후성, 경쟁력 약화<br>- 접경 · 군사지역의 특성<br>- 지방자치단체의 자치 능력 부족<br>- 상위법 존재<br>- 지방자치단체 사무 광범위<br>- 국가사무의 지역영역 간섭<br>- 지방자치단체 예산의 절대적 부족 |
| | 기회(Opportunity) | 위협(Threat) |
| 외적 요인 (External) | - 지역발전 차원 의회의 역할 지대<br>- 수도권의 발전 동력 흡수<br>- 민주주의 발전의 기회 지속<br>- 지방자치단체 주민의 발전욕구 점증<br>- 다양한 발전 영역 보유<br>- 주민의 정치참여 증대 | - 지방의회에 대한 불신과 무관심<br>- 민주주의의 파행적 운영 다수 발견<br>- 지방자치단체의 무한경쟁시대 돌입<br>- 중앙정부의 간섭 · 통제 관행 존재<br>- 지방자치단체의 의회 중요성 인식 저하<br>- 다양한 문제 사안의 확대 |

7-2〉와 같이 의원 개개인이 지역발전 및 의원으로서의 역량발휘에 대한 의지가 강하다는 점이다. 물론 의원의 소명의식에 대한 평가 관점에는 차이가 있고 제한사항도 제기되고 있으나, 포천시의회의 열악한 활동여건과 사무의 광대함 등을 고려할 때 충분한 역할을 하고 있는 것으로 평가된다. 또한 주민의 의정활동에 대한 지원이 비교적 충실한 편이다. 의원들은 의정활동에 필요한 법적 권한을 가지고 있고, 주민 복리 달성의 명분은 그 누구도 도전할 수 없는 영역으로 의정활동의 가장 큰 동력이며, 동시에 의회는 이러한 명분에 근거하여 다양하고 적극적인 의정활동을 전개할 수 있다. 포천시의회 의원의 또 다른 특징은 도농복합지로서 주민과의 연대의식과 지역구 발전에 대한 애착이 강하여 이를 추진하고자 하는 확고한 의식이 내재되어 있다. 포천시의회는 타 지역에 비해 비록 그 출발이 늦었지만, 역설적으로 모범적이고 성공적인 정책 발전사례

〈표 7-2〉 포천시의회 의정활동 역량 SWOT 분석

| | 강점(Strength) | 약점(Weakness) |
|---|---|---|
| 내적 요인 (Internal) | - 의원들의 소명의식 및 발전 노력<br>- 민주적 활동 여건 성숙<br>- 주민의 지원과 소통 원활<br>- 지방자치단체 감시 및 견제 권한 부여<br>- 주민 복리 달성의 명분 확보<br>- 조례 · 감사 · 질의 등 의정활동 보장<br>- 의원의 지역구 발전 의지 확고<br>- 성공적 정책사례 접목 용이 | - 지방의원의 전문성 · 경험 부족<br>- 지방자치단체의 통제 제한 분야 과다<br>- 의정활동 지속성 미보장<br>- 지방의원의 정책적 한계 노정<br>- 의원 규모 · 활동예산 부족<br>- 의원의 예산편성권 배제<br>- 의회 행정 기능의 지원 부족<br>- 여성의원 · 소수대변층 활동 미약 |
| | 기회(Opportunity) | 위협(Threat) |
| 외적 요인 (External) | - 의원의 역량 발휘 여건 다대<br>- 민주주의 제도의 발전환경 성숙<br>- 주민의 정치적 역량 강화 추세<br>- 국가적 균형발전 · 성장촉진 추세<br>- 접경지역으로서 통일 기대감 상승<br>- 다양한 의정활동 가능<br>- 의원의 개인역량 축적 기회<br>- 주민의 정치적 욕구 증대<br>- 지방의회의 발전 가능성<br>- 소수의견 존중 분위기 확산<br>- 권력 분권화의 지속적 논의 | - 정치 불신 및 무관심 팽배<br>- 민주주의 발전 역행 사례 빈번<br>- 중앙정치의 과도한 개입<br>- 주민의 평가 및 요구 심대<br>- 지방자치단체-의회 간 배타적 구조 팽배<br>- 지방자치단체 및 의회의 관행 지속<br>- 다양한 지방자치단체 문제의 발생<br>- 정책 실패의 폐해 심대 및 무책임<br>- 의원 간 협력 부재 및 갈등 존재<br>- 타 지방자치단체의 견제와 경쟁<br>- 정세 등 의정활동 환경요인 급변 |

를 지역발전에 접목할 수도 있다.

둘째, 의정활동 여건 측면에서의 약점은 지역적 환경, 지방자치단체 자체의 문제, 의정활동 법체계 및 제도 등에서 자주 발견된다. 포천시는 지역적으로 보수적이고 지연 및 혈연 그리고 학연 등을 중시하는 경향이 있는데, 이는 인재 발굴과 정책에 대한 평가 측면에서 편향되거나 발전을 저해하는 요인으로 작용할 수 있다.

다음으로 의원이 의정활동의 성과를 가시화하기에 어려운 지역적 낙후성이 존재한다. 포천시 발전은 다른 지역보다 많은 자원과 노력이 필요하므로 의원 입장에서는 그 발전의 토대를 구축하는 것도 쉽지 않다. 또한 타 지역에 비해 재정능력이 부족하여 지방자치단체의 발전을 자체적으로 추진하는 데 제한이 많고, 자치적이기보다는 중앙정부에 의존하는 경향이 크다. 아울러 3장에서 언급한 바와 같이 포천시는 국토개발, 환경계획, 수도권 정비, 관광개발, 접경지역발전, 경기비전 등 상위계획의 영향에 놓여 있어서 자체적인 정책 추진에 제한을 받고 있다. 이러한 제한사항과 더불어 지방자치단체의 사무는 광대하고 국가사무의 영역에 손댈 수 없으며, 예산의 절대부족에 따른 사업추진의 한계 등 다양한 약점이 존재한다.

의정활동 역량 측면의 약점을 살펴보면 위와 같은 여건 측면의 약점과 결합되어 포천시 의정활동의 어려움을 가중시키고 있다. 가장 부각되는 약점은 지방의원이 직면하는 다양하고 전문적인 사무를 추진하기에 의원들의 역량이 제한받고 있다는 점이다. 또한 의원이 지방자치단체 업무를 감시 및 견제하기에 제도적으로 미비한 부분이 존재한다. 아울러 포천시의회 의원은 재선율이 높지 않아 초선의원이 많아서 의정활동의 연속성 측면에서 문제가 상존한다. 이러한 문제는 우수한 정책의 개발을 저해한다. 현재의 포천시 의원은 지역적 광대함과 사무의 범위에 비해 의원의 규모도 부족하고, 활동예산도 충분치 않은 편이다. 가중되는 약점은 의회에 예산편성권이 없으며, 지방자치단체장이 인사권을 행사하는 사무과 직원의 전문적인 지원을 받는 데도 제한이 따른다. 그리고 의회는 다양한 계층을 대변하는 것이 바람직한데, 포천시의회의 구성을 보면 여성의원이나 소수계층을 대변할 의원의 존재감이 미흡하다는 측면이 있다.

셋째, 의정활동의 기회를 살펴보면, 먼저 여건 측면에서 지역발전을 위한 의회의 역할에 대한 기대가 크다는 점이다. 의회는 포천시의 발전 방향을 제시하고 이를 공론화할 수 있으며, 지방자치단체가 바람직한 방향으로 나아갈 수 있도록 해야 한다. 포천시는 지역적으로도 수도권에 위치하고 있어서 수도권 정비법 등의 제한을 받고 있지만, 확산되는 발전 동력을 흡수할 기회가 있다. 활동 측면에서는 우리나라의 민주주의가 발전하고 있어 이러한 추세에 힘입어 긍정적인 방향으로 변화 · 발전할 동기 부여를 받고 있다. 아울러 지방자치단체와 의회는 주민의 요구에 따라 끊임없이 발전해야 한다. 주민은 시시각각 지방자치단체의 발전과 이를 감시하는 의회의 역할을 평가하고 있다. 의회는 이러한 환경을 최대한 활용하여 적극적인 발전전략을 추구함이 바람직하다. 또한 포천시는 도농복합지로서 농촌의 발전모델과 소도시의 발전모델을 결합할 수 있는 장점이 있다. 농촌발전모델은 무한한 자원과 결합되어 지역민의 경제를 풍요롭게 할 수 있고, 도시발전모델은 수도권 및 관광지역으로서 외부인의 유입효과 등 다양한 성과로 연결될 수 있다. 이러한 비전은 포천시 주민의 요구이며, 정치활동의 주된 동기로 작용하고 있다.

다음으로 의정활동 역량 측면의 기회를 보면, 포천시의회 의원은 앞서의 여건에서와 같이 다양한 업무영역이 존재하고 주민이 원하는 비전을 실현하기 위해 역량을 발휘해야 할 것이다. 의원은 주민의 의사를 반영하여 조례를 만들고 이를 실천하는 민주주의적 제도 안에서 제반 업무를 능동적으로 처리할 수 있다. 또한 주민의 성숙한 정치적 역량은 의원의 후원자라고 할 수 있다. 포천시의회의 또 다른 기회는 국가적 균형 발전과 성장 촉진, 취업률 제고 등 다양한 사업이 전개되고 있는데, 포천시도 이러한 유리한 기회를 적절히 활용해야 한다는 점이다. 아울러 정부의 접경지역 및 한반도의 중심지인 포천시를 중시하는 정책은 긍정적인 기회가 될 것이다. 지자체의원은 이러한 발전의 동력과 지방분권화의 논의가 증대되고 소수의 의견을 존중하는 정치적 환경이 조성되는 기회를 살려 의정활동을 활성화하며, 주민의 욕구를 실현하고, 더불어 지방의회의 한계를 극복해나가는 기회로 활용하는 것이 바람직하다.

마지막으로 여건 측면과 의정활동 역량 측면의 위협을 개괄해보면, 국민의 복지와 복리를 개선시키지 못하는 중앙정치 및 지방정치에 대한 불신과 무관심이 팽배하고, 국회의원과 지방의원의 빈번한 부패 및 파행적 태도로 인한 의회체계의 위상하락이 존재하며, 중앙정치의 간섭과 통제가 여전하여 여타 선진국에서의 문제가 지속되고 있다는 점이다. 또한 지방자치단체는 의회의 의정활동에 대한 중요성을 충분히 인식하지 못하고 있으며, 배타적인 행동도 여기저기서 발견되고 있다. 동시에 의회는 다양한 문제 발생에 직면하고 있다. 의정활동은 이러한 문제점을 최소화하고 전문성의 향상을 통해 지방자치단체를 충분히 견제 및 감시해야 하는데, 의회의 역량 축적은 더딘 편이다. 지방자치단체의 정책 실패는 고스란히 주민에게 전가되고 있으나 아직도 그 책임소재를 가리는 것이 쉽지 않으며, 의원 간의 협력 부재 및 갈등의 지속은 타 지역 의회와의 경쟁은 물론이며, 급변하는 세계 · 지역 · 국가적 환경변화에 능동적으로 대처하지 못하는 원인으로 작용할 수 있다.

# 3
# 발전전략의 모색

필자는 포천시의회 의정활동의 여건 및 역량의 강약점과 기회 및 위협을 분석한 결과를 토대로 과연 포천시의회가 어떠한 방향을 설정하고 어떻게 노력해야 의정활동의 한계를 극복하고 지역발전을 위한 주도적 역할을 할 수 있는가를 모색했다.[5] 그 결과 다음과 같은 S-O 및 W-T 전략을 설정했다. 먼저 S-O 전략은 ① 의원의 지역발전 역할 강화, ② 주민의 정치참여 증대, ③ 수도권 발전 역량 활용이며, W-T 전략은 ① 정치신뢰 획득 주력, ② 정책 발굴 및 지역 내 추진동력 확보, ③ 상위 지방자치단체와의 교류 강화이며, 전략별 중점과제는 〈표 7-3〉과 같다.

먼저 S-O 전략의 핵심은 의원의 지역발전 역할을 강화하는 것이다. 이는 정치여건의 성숙 및 지역민의 지역발전 의지를 바탕으로 국가적 발전동력을 최대한 활용하기 위해 의회가 일할 수 있는 여건을 스스로 창

5) 지방의회의 의정활동 활성화를 위해 일반적으로 지방의원의 전문성 제고, 지역주민의 감시활동 강화, 집행기관의 협조, 예산심의의 철저한 감시, 행정사무감사의 내실화 등을 들고 있다. 이정훈 외, "지방의회 의정기능의 실태와 활성화 방안", 「대한정치학회보」, 제17집 제3호, 2010. 2, pp. 215-241.

〈표 7-3〉 S-O 전략과 W-T 전략별 중점과제

| S-O 전략 | W-T 전략 |
|---|---|
| ① 의원의 지역발전 역할 강화<br>- 지방자치단체와의 유기적 관계 구축<br>- 지역발전 소요 파악 및 반영<br>- 지역발전 중장기계획 수립<br>- 관련 전문가 협력시스템 구축<br>② 주민의 정치참여 증대<br>- 주민 대상 민주교육 확대<br>- 지역 정치발전 공동 노력<br>- 주민참여 시스템 강화<br>③ 수도권 발전 역량 활용<br>- 수도권 발전 연장정책 구현<br>- 수도권 균형발전 촉구활동 전개<br>- 각종 규제 및 제도 개선 | ① 정치 신뢰 획득 주력<br>- 전문성 강화 및 가치관 확립<br>- 의원의 전문교육체계 구축<br>- 주민의 의원평가제도 도입<br>- 네트워크 구축 및 교류 활성화<br>- 의정활동 투명성 확보<br>② 정책 발굴 및 지역 내 추진동력 확보<br>- 의회의 정책능력 강화<br>- 지역 · 학계 · 주민 연계 협력체제 구축<br>- 정책홍보 및 소통 강화<br>③ 상위 지방자치단체와의 교류 강화<br>- 중앙정부와의 소통체계 구축<br>- 지역문제의 해소 노력 증대<br>- 국비 및 도비 예산확보 주력 |

출하여 의정활동을 활발하게 추진해야 함을 의미한다. 의회는 지방자치단체가 의회와 원활하게 협력하고 지역발전을 위해 의회의 적극적인 지원이 필요하다는 것을 인식시켜야 한다. 또한 의회가 주도적으로 포천시의 중장기적인 비전을 제시하고 전문가와의 협력체제에서 이를 구체적으로 실행할 수 있도록 조례제정 등을 추신해야 한다. 둘째, 주민의 정치참여는 민주주의 정신의 가장 중요한 부분으로서 주민의 역할이 중요함을 꾸준히 홍보함과 동시에 주민참여 시스템을 강화해야 한다.[6] 셋째, 포천시가 수도권의 일원으로서 여타 도시와 균형 있게 발전해야 한다는 목소리와 함께 국가적 지원이 이뤄질 수 있도록 적극적인 노력을 전개해야 한다. 이를 위해서는 포천시의 발전이 수도권 발전의 동력을 창출하고

6) 지방자치제는 그 발전 방향이 편향되고 있는데, 집행기관 중심, 주민의 여론수렴, 공공관리의 확대 등을 중요한 생존전략으로 구사하고 있다. 특히 주민의 역할에 대한 인식은 지방자치단체와 의회에서 공통적으로 인식하고 있다. 김상미(2006), pp. 245-280; 김정희, pp. 267-290.

국토의 균형적인 발전에도 유리하다는 점을 부각시킬 필요가 있다.

W-T 전략은 포천시의회 의정활동의 한계로 인식되는 정치적 불신에 따른 의회정치 참여 부족, 의정활동 전문성 부족, 지방자치단체와의 갈등, 국가적 지원의 부족 등 다양한 문제점과 위기를 극복하는 데 그 목적이 있다. 무엇보다 지역 내에서 정치적 신뢰를 얻고 관련 요소들이 통합적으로 움직이는 것이 중요하다. 의회의 영역에서는 의원의 전문성 강화가 첫 번째 과제라고 할 수 있다. 이는 의원에 대한 주민 신뢰의 출발점이며, 능력 있는 의원을 선출하는 올바른 정치환경 조성에도 유익하다. 이를 위해 의회는 비록 그 성과가 단기적으로 가시화되지 않더라도 의원에 대한 전문성 교육체계를 구축해야 하며, 의정활동에 있어서도 지원체제를 강화하는 것이 필요하다. 또한 의정활동이 투명하게 공개되며, 주민의 알 권리와 민원에 대한 성의 있는 답변을 할 수 있어야 한다. 둘째, 지역발전을 위한 정책발굴에 주력함으로써 모든 주민이 그 가능성을 신뢰하고 동참할 수 있도록 해야 한다. 잘못된 정책이나 사업이 포천시의 이미지를 훼손하고 주민의 단합을 해치는 사례가 발생하지 않도록 당리당략에 흔들리지 않고 사전 검증과 감시노력을 꾸준히 전개하는 것이 요구된다. 마지막으로, 상위 지방자치단체와의 소통 강화다. 지방자치단체장이 경기도와 국가체제 안에서 균형 있는 정책을 추진할 수 있도록 의회가 이끌어야 한다.[7] 이 과정에서 지역이기주의나 독선적인 정책추진보다는 상호 소통하고 협력함으로써 장기적으로 모두가 긍정하는 결과를 창출하는 것이 중요하다.

7) 김순은, 『지방의회의 발전모형』(서울: 조명문화사, 2015), pp. 186-315.

# VIII

# 결론

이 책에서는 한국의 지방자치제 평가, 민주주의 이론과 해외사례 교훈의 적용, 포천시의회의 의정활동 성과 분석, 사례분석과 한계 도출, 그리고 SWOT 분석을 통한 발전 방향 모색을 주요 목표로 설정한 바 있으며, 다음과 같은 두 가지 가설을 설정하여 이를 검증했다.

① 지방자치제는 직접 · 간접 · 참여 · 숙의민주주의와 한국의 정치 발전 수준에 맞추어 발전하고 있으며, 우리 국민의 정치 수준과 요구가 그대로 반영되고 있다.

② 포천시의회는 지방정치의 한계와 지역적 특성에 따른 문제점을 안고 있다.

이를 위해 제2장과 제3장에서 민주주의 이론과 한국의 정치발전 과정을 비교하여 그 발전동력으로서 민주주의가 작동하고 있음을 설명했다. 그러나 아직도 한국의 민주주의는 직접 · 간접 · 참여 · 숙의민주주의의 가치를 충분히 구현하지 못하고 있으며, 지방정치도 중앙정치의 영향에 놓여 있어서 발선속도가 더디고 중앙의 사무 분권과 주민과의 소통, 지방자치단체와 의회 간의 협력 등의 문제에 있어서는 좀 더 많은 노력이 필요할 것으로 판단되었다. 물론 민주주의의 지방자치제 적용에 따른 문제점은 해외사례에서도 종종 발견되고 있다. 스웨덴의 스톡홀름 등 외국의 대도시에서 모범적인 사례가 나타나고는 있으나 미국, 일본 등에서는 여전히 중앙정부의 권력이양 문제를 놓고 논란이 벌어지고 있으며, 독일에서는 구동독지역에 서독의 정치체제를 접목하는 데 따른 문제점이 표출되고 있다.

필자는 두 번째 가설을 검증하기 위해 제4장에서 지방자치제의 근간을 다뤘고, 제5장에서는 포천시의회의 각 시기를 심층 분석했다. 특히 포천시의회의 활동 대상인 포천시의 여건을 지역과 주민 성향으로 나누어 분석했는데, 대체로 의정활동의 긍 · 부정적 요인에서 부정적 요인이 우세하게 식별되었다. 또한 포천시의 지역발전과 관련하여 국가 및 경기도의 계획을 분석한 결과 포천시가 독자적으로 발전을 수행할 수 없는 여건이라는 결과가 도출되었다. 이러한 불리함에도 불구하고 포천시의회는 의정활동을 통해 지역발전을 도모하고, 지방자치단체의 사무를 적극적으로 감시 및 견제하는 역할을 수행하고 있다.

제6장에서는 더욱 심층적인 검증을 위한 구리-포천고속도로 건설, 군 사격장 피해 보상, 광역 화장장 설치, 장자일반산업단지 건설 등 4개 사안을 사례로 설정하여 사업추진 현황과 의회의 역할과 한계를 쟁점별로 분석했다. 또한 포천시 시민, 공무원 및 군인 등 192명을 대상으로 설문분석을 했고, 전 · 현직 지방의원과 사무과 직원을 대상으로 인터뷰를 실시했다. 이를 종합한 분석결과는 가설에서 설정한 지방정치와 지역성의 한계를 그대로 드러냈으며, 동시에 시민이 의회의 활동에 만족하지 못하고 있지만 의회의 지역발전 역할의 중요성에 공감하고 있었다.

필자는 이러한 한계를 극복하고 포천시의회가 더욱 발전하기 위해 SWOT 분석을 실시했으며, S-O 전략 및 W-T 전략을 제시했다. 강점과 약점, 기회와 위협은 2, 3, 4, 5, 6장에서 분석한 내용에 기반을 두어 여건과 역량으로 나누어 분석했다 그 결과 포천시의회는 한국의 정치발전 과정에 힘입어 지방의회가 지속적으로 발전하고 있으며, 주민의 정치적 관심도가 증대되는 것이 강점으로 작용하는 데 반해 지역의 낙후성 및 전반적인 여건 부족, 그리고 의원의 전문성 부족과 지방의회의 구조적 열악함이 약점으로 작용하고 있다. 그러나 포천시의회는 주민의 의회에 대한 기대감이 높아지는 상황에서 국가적 균형발전과 성장촉진이 강조되는 환경적 기회를 맞이하고 있어 중앙 및 지방정치에 대한 불신과 무관심, 그리고 의회가 감당하기 어려운 다양한 어려운 문제가 양산되는 위기를 어떻게든 극복해나가야 할 책무를 안고 있다. 이에 따라 제시하고자 하는 전략은 의원의 지역발전 역할 강화, 주민의 정치 참여 증대, 수도권 발전 역량 활용(S-O 전략)과 정치신뢰 획득 주력, 정책 발굴 및 지역 내 추진동력 확보, 상위 지방자치단체와의 교류 강화(W-T 전략) 등이다.

필자는 지방의원이 지역주민의 복리를 실현하는 데 있어서 가장 근거리에 위치하고 있으며, 주민이 의견을 제시하고 소통하는 창구로서 그 중요성이 매우 높다는 것을 인지했다. 동시에 아직 우리의 지방자치제는 법과 제도적 장치에 있어 비교적 정교한 상태이지만 실제로는 집행기관, 의회, 주민이라는 3자의 역할이 제대로 작동되지 못하고 있음을 알 수 있다. 따라서 앞으로는 지방자치제의 전반적인 운영이 개선되도록 정부와 지방자치단체의 노력이 수반되어야 한다. 둘째, 지방자치단체는 지역 특성을 반영하므로 획일적인 제도보다는 지역에 맞는 지방자치제가 발전할 수 있도록 해야 한다. 셋째, 지방자치단체는 사업 실패 시 지방자치단체와 주민 모두에게 심각한 피해를 끼칠 수 있으므로 이를 감시하는 지방의회의 역할을 법적으로 보장해야 하며, 책임자에 대해 처벌과 변상을 요구할 대책을 강구해야 한다.[1] 특히 성과관리를 명확히 함으로써 주기적으로 평가하는 것이 요구된다.[2] 넷째, 포천시처럼 열악하면서도 수도권에 묶여 발전이 정체된 지역의 숨통을 트여줄 정부의 특별한 대책이

---

1) 김상미, "제도의 관점에서 본 지방의회의 성과와 정책적 함의", 「한국정책학회보」, 제4권 제1호, pp. 359-384.

2) 성과관리는 의회의 전반적인 의정활동, 의원의 의정활동, 사무기구의 의정활동으로 구분하며, 중앙정부 차원과 지방의회 차원의 개선방향을 추진하는 것이 바람직하다. 신기현, pp. 339-358.

필요하다. 다섯째, 지방의회는 주민을 대변해야 하므로 여성의원과 장애인, 다문화 등 소수계층에 대한 배려와 그들을 대변하는 인재의 활용이 이뤄져야 하며, 이를 정치관계법에 반영하고, 정당의 공천시스템을 활성화해야 하는[3] 정당 공천제 유지를 통한 여성정치인 할당[4]과 체계적 양성에 관심을 기울여야 한다.[5] 여성의 정치참여는 정치에 여성이 직접 참여하는 것과 여성의 이익, 여성의 역할과 가치, 여성이 관여하는 영역에 대한 관심을 반영한다는 측면에서 매우 중요[6]하므로 여성과 관련한 새로운 연구의제의 발굴에도 주력할 필요가 있다.[7] 여섯째, 지방의회는 무한경쟁시대에 직면하여 국제적 · 지역적 · 국가적으로 환경이 급변하고 있으므로 의원들의 전문성 강화는 물론이며, 의식의 혁신이 뒤따르지 못하면, 그 피해는 고스란히 주민에게 돌아간다.[8] 마지막으로 이 책에서 사례로 분석한 군 사격장 문제 등은 주민의 복리를 우선시하는 공감대 조성과 함께 지역특성과 주민의 정치적 요구에 부합하는 지방자치단체-의회의 협력 모델을 만들어야 한다. 이러한 노력과 문제해결에 대한 경험은 유사한 문제가 발생했을 경우 문제 해결에 도움을 줄 것이다.[9] 또한 의회는 의정활동의 방향과 성과를 적극 홍보함으로써 지역민의 참여와 관심

---

3) 김용복, "지방의회의 역할과 선거제도의 개선: 비례성의 제고와 정당정치의 활성화", 「세계지역연구논총」, 제27집 제3호, pp. 35-62.

4) 김현조 외, "기초단체정당 공천제 폐지에 따른 보완과제: 기초의회의 여성참여를 중심으로", 「지방정부연구」, 제17권 제4호(2014년 겨울), pp. 51-74.

5) 김원홍 외, 『지방의회 여성의원 경력 지속 및 확충방안 연구』(서울: 한국여성정책연구원, 2010), pp. 195-218.

6) 이은재, "여성의 대표성과 지방의회 진출방안", 「지방행정연구」, 제21권 제4호, 2007. 11, pp. 201-222.

7) 김귀영, pp. 83-114.

8) 최봉기, pp. 416-438.

9) 안영훈, pp. 139-143.

을 유발할 수 있다. 이러한 노력은 지방자치의 성패에도 중요한 요소이며, 참여민주주의의 실현이라는 측면에서 활성화가 필요하다.[10]

10) 이희복, pp. 78-87.

# 참고문헌

## 1. 국내자료

### 가. 단행본


강봉규, 『통계학』(서울: 형설출판사, 1994).

강용기, 『현대지방자치론』(서울: 대영문화사, 2014).

강원택, 『한국 지방자치의 현실과 개혁과제』(서울: 사회평론, 2014).

관계부처 합동, 『제4차 국가환경종합계획(2016-2035)』, 2015. 12.

건설교통부, 『제3차 수도권정비계획(2006-2020)』. 2006. 7. 25.

경기연구원, 『경기비전 2040』, 2015. 12.

김상준 외, 『한국의 정치』(서울: 법문사, 1993).

김성진 외, 『한국현대정치사』(서울: 법문사, 1995).

김웅진, 『사회과학연구방법론서설』(서울: 명지사, 2003).

김웅진 · 김지희 공저, 『정치학 연구방법론: 경험과학 연구의 규준과 설계』(서울: 명지사, 2005).

대한민국 정부, 『제4차 국토종합계획 수정계획(2011-2020)』, 2011. 1. 7.

문화체육관광부, 『제3차 관광개발기본계획(2012-2021)』, 2011. 12.

안전행정부,『접경지역발전종합계획(2011-2030)』, 2011. 7.

이준형, 『조사방법론』(서울: 대영문화사, 2004).

이청수, 『지방의회론』(서울: 백산출판사, 2014).

차배근, 『사회과학연구방법』(서울: 세영사, 1981).

포천시(군), 『의정백서: 1~12집』 포천시(군), 1992. 4~2015. 12.

포천시, 『2030 포천시 중장기 발전계획』, 2011. 5.

______, 『군부대사격장 주변지역 피해조사 및 대책마련 연구』, 2009. 12.

______, 『2010-2016 시정주요업무』, 2010. 2~2016. 3.

______, 『2016-2020년 중기지방재정계획안』, 2015. 12.

포천시 시설관리공단, 『2015년도 행정사무감사 수감자료』, 2015. 12.

한국정치학회, 『한국정치의 재성찰』(서울: 한울아카데미, 1996).

한배호, 『한국정치문화와 민주정치』(서울: 법문사, 2003).

한승준, 『사회조사방법론』(서울: 대영문화사, 2000).

한영춘, 『사회과학연구방법』(서울: 법문사, 1994).

## 나. 논문

강민규 외, 「한국지방정부학회 학술발표 논문집」, 3호, 2013.

고인석, "인터넷 정치참여와 대의민주주의 위기극복을 위한 대안모색", 「홍익법학」, 11(3), 2010.

곽동철 외, "지방의회 자료수집 및 협력체계의 활성화 방안 연구", 「한국 비블리아학회지」, 24(2), 2013. 6.

금창호 외, "우리나라 지방분권을 위한 기능배분 평가와 과제", 「한국정책연구」, 12(2), 2012. 6.

______, "지방의회와 시민단체 간 발전적 관계정립 방안", 「한국지방행정연구원」, 2006. 12.

김귀영, "지방의회 연구경향과 향후 연구의제에 관한 고찰", 「한국행정학회보」, 제45권 제2호(2011 여름).

김귀옥 외, "지방자치단체 소셜미디어의 대화커뮤니케이션 특성과 공중 커뮤니케이션 행동이 조직-공중관계성에 미치는 영향", Journal of Public Relations, Vol. 20, No, 1, 1, Feb, 2016.

김대현, "지방의회와 집행기관 간의 갈등해결방안", 「대한정치학회보」, 제19집 제1호, 2011. 6.

김병록, "조례통제를 위한 제 방안에 관한 연구: 행정적 · 사법적 통제를 중심으로", 「일감법학」, 제15호, 2009.

김비환, "참여민주주의의 정의와 이론", 「의정연구」, 제10권 제1호.

김상구 외, "지방의회 의정활동 20년의 성과평가와 발전 방향 : 부산광역시의회 중심으로", 한국지방정부학회, 「한국지방정부학회 학술발표논문집」, 2013권 1호, 2013.

김상만 외, "지방자치단체의 조례에 의한 규제의 문제점과 그 개선방안에 관한연구", 「법과 정책」, 21(2), 2015. 8.

김상미, “경제민주화와 지방의회”, 대한 행정제회, 「지방행정」, 제62권 제713호, 2013.

______, “지방의회 역할 정립을 위한 실증적 연구: Enabling 정부를 중심으로”, 「정부학연구」, 12권 2호, 2006.

______, “제도의 관점에서 본 지방의회의 성과와 정책적 함의”, 「한국정책학회보」, 제4권 제1호.

김상태, “지방분권의 헌법적 보장”, 「법학연구」, 29, 2013. 3.

김선엽, “지방의회의 의정활동에 대한 효율성 비교분석: 광역지방의회를 중심으로”, 「사회과학연구」, 29(1), 2013. 2.

김성태, “국회 경찰권에 대한 고찰: 의회 경찰권에 대한 독일에서의 논의를 기초로”, 「홍익법학」, 14(4), 2013.

김성호, “지방분권 개헌 필요성과 과제”, 「한국지방정부학회 학술대회자료집」, 2015. 5.

김성훈 외, “지방자치단체 자체 복지사업 예산 영향요인 분석”, 「한국정책학회 · 한국지방정부학회 공동 추계학술대회」, 2015.

김영만, “무궁화 메카도시의 지향가치”, 「인문콘텐츠」, 제19호, 2011. 11.

김영수, “지방의회의 의정활동 성과평가에 관한 연구”, 「지방정부연구」, 제11권 제1호, 2007년 봄.

김영하, “지방의회 상임위원회의 전문성이 의정활동에 미친 영향 분석(II): 민선 4기 대구광역시의회와 경상북도의회를 중심으로”, 「대한정치학회보」, 19(1), 2011.

김용복, “지방의회의 역할과 선거제도의 개선: 비례성의 제고와 정당정치의 활성화”, 「세계지역연구논총」, 제27집 제3호.

김 욱, “영국 의회-지방의회 간 관계의 발전과 시사점”, 「세계지역연구논총」, 25(3).

김원홍 외, 『지방의회 여성의원 경력 지속 및 확충방안 연구』(서울: 한국여성정책연구원, 2010).

김정도 외, “지방의회선거를 통해 본 정치의 전국화”, 「대한정치학회보」, 제21집 제1호, 2013. 5.

김정희, “주민참여조례를 통해 본 주민참여와 거버넌스의 특징 연구”, 「지방정부연구」, 8(1), 2014.

김지윤 외, “기초자치단체에서 사회복지비 지출의 정치적 요인에 관한 연구”, 「의정연구」, 19(1), 2007.

김진덕 외, “충북지역 경제특성 및 활성화 방안”, 「충북 Focus」, No. 44(2011-25).

김찬동, “지방의회 역량강화를 위한 사례: 일본과 미국을 중심으로”, 대한지방행정공제회, 「지방행정」, 제62권 제717호, 2013.

김태환, “지방의외의 집행부 통제의 제약 요인 연구: 지방의회의 공유 재산 관리계획의결을 중심으로”, 「자치행정연구」, 5(2), 2013. 12.

김필두, “주민자치회 시범실시에 대한 성과 분석”, 「자치행정연구」, 제28권 제3호, 2014. 9.

김현조 외, “기초단체정당 공천제 폐지에 따른 보완과제: 기초의회의 여성참여를 중심으로”, 「지방정부연구」, 제17권 제4호(2014년 겨울).

김흥식 외, “경기도의 대중국 관광마케팅 기본연구”, 경기개발연구원 기본연구 2009-02(2009. 11).

남기헌, “지방자치 20년, 지방의회 발전 방향: 충청북도의회 사례를 중심으로”, 한국행정학회, 「한국행정학회 하계 학술발표논문집」, 2014.

류금렬, “영국의 Council Tax”, 「자치행정연구」, 제5권 제2호, 2013. 12.

류재현, “울산광역시의 SWOT 이슈 분석과 SWOT 전략 모델”, 「지방정부연구」, 제15권 제1호(2011년 봄).

류춘호, “지방의회의 정책의회 기능강화와 정책수단 : 5분 자유발언을 중심으로”, 한국지방정부학회, 「한국지방정부학회 학술 발표 논문집」, 제3호, 2015.

문병효, “지방의회의 자치입법제도 운영현황 및 문제점”, 「강원법학」, 2013. 2.

문상덕, “지방의회제도의 문제점과 발전방안”, 「행정법연구」, (34), 2012. 12.

문태현, “심의민주주의적 정책결정을 위한 제도적 방향”, 「한국행정논집」, 제23권 제1호, 2011년 봄.

민병익, “지방의회 조례안 처리 소요시간과 영향요인”, 한국지방정부학회, 「지방정부연구」, 제17권 4호, 2014.

박명흠, “우리나라 지방의회 행정사무감사의 실태와 개선방안”, 「한국지방정부학회 동계 학술대회 자료집」, 2010. 8.

박영강, “지방의회의 활성화를 위한 제도적 개선방안: 지방자치 재개 20주년에 즈음하여”, 「한국지방정부학회」, 2010.

박완규, “지방자치 성숙을 위한 지방자치단체 재정건전성 확보 방안에 대한 소고”, 「지방행정 연구」, 제28권 제2호, 2014. 6.

박윤희, “지방의회의 조례 분석을 통한 입법내용에 관한 연구: 서울시의회 소관 조례를 중심으로”, 「사회과학논집」, 제42권 제1호, 2011.

박지영 외, “선거구제와 여성대표성: 기초의회 여성의원을 중심으로”, 「한국정책학회 동계학술대회」, 2015.

백형배 외, “지방의회와 집행기관 간 갈등과 협력요인에 관한 사례분석”, 「지방행정연구」, 제20권 제4호, 2006. 3. 12.

손승호, “경기도 도농복합시의 경제공간 변화와 유형분류”, 「한국경제지리학회지」, 제18권 제1호, 2015.

송광태 외, “지방예산 과정에서의 지방의회의 심의기능”, 「경기논단」, 2001년 겨울호.

송건섭, “지방의회와 지방정치: 영호남지역 광역의회를 중심으로”, 「한국행정논집」, 제25권 제3호(2013 가을).

송제룡 외, “포천 · 안산 주요 관광지 교통 혼잡 개선 연구(1): 포천편”, 「정책연구」, 2013. 12.

신기현, “한국 지방의회의 성과관리 방향에 관한 연구”, 「한국동북아논총」, 제65호, 2012.

신상준 외, “협력적 거버넌스의 성공요인과 과정: 인천광역시 주민참여예산제도 조례 개정사례를 중심으로”, 「한국지방자치학회보」, 제27권 제2호, 2015. 6.

심우성, “2015년 지방의회 운영 방향”, 대한지방행정공제회, 「지방행정」, 제64권 제735호, 2015.

안승국, “국회의원 선거제도의 변화와 정치적 효과: 선거구제와 비례대표제를 중심으로”, 「한국정치외교사논총」, 제32권 제1호, 2010. 8.

안영훈, 『지방의회 의정활동 역량강화 방안』, 「한국지방행정연구원」, 2013. 12.

안효섭, “조례제정의 법체계적 허용범위”, 「법과 정책」, 제20권 제2호, 2014. 8.

양승미, “법령과 조례의 관계에 대한 연구”, 「이화여자대학교 법학논집」, 제14권 제3호, 2013. 3.

양은주 외, “정책갈등의 원인과 주요영향요인에 관한 연구: 하남시 광역 화장장 사례를 중심으로”, 「공공정책과 국정관리」, 제6권 제1호.

오영균, “지방의회 지원기구 직무역량 및 직무만족 제고를 위한 전략적 인적자원관리요인에 관한 연구”, 한국지방정부학회, 「한국지방정부학회 학술발표 논문집」, 2013권 1호, 2013.

오재록 외, “서남권 광역 화장장 갈등 사례 분석: 정책 정당성 이론을 중심으로”, 2014, 한국정책학회 춘계학술대회.

엄기홍, “유권자의 의회 대의활동 평가에 대한 재고: 제6대 경기도 의회를 중심으로”, 「한국정치연구」, 제16권 제1호, 2007.

유영수 외, “로컬 거버넌스가 지역경제 활성화에 미치는 영향에 관한 연구: 전통시장 활성화의 매개효과를 중심으로”, 「한국거버넌스학회보」, 제22권 제2호, 2015. 8.

유은정, “미국의 연방주의와 지방자치제도: 우리나라 지방자치 및 지방분권이행 과정에의 시사점”, 「공법학연구」, 제11권 제3호, 2010. 8.

윤수찬, “지방의회 기능이 지역주민의 정치적 효능감에 미치는 영향 요인에 관한 탐색적 연구: 소셜미디어 활용을 중심으로”, 한국정책학회, 「한국정책학회 춘계학술발표논문집」, 2014권 0호, 2014.

이동수, “대의제 민주주의의 위기”, 「시민사회와 NGO」, 제3권 제1호, 2005.

이상명, “기초자치 선거에서의 정당 공천에 관한 고찰: 위헌 여부의 문제를 중심으로”, 「한양법학」, 43, 2013. 8.

이수진, “경기도 지역축제 차별화방안에 관한 연구”, 경기개발연구원, 「정책연구」, 2009-41, 2009. 11.

이승철, “한국지방자치학의 연구특성에 관한 분석: KCI인용지수를 중심으로”, 「한국지방자치학회보」, 제25권 제4호, 2013. 12.

이영균 외, “지방의회 행정사무감사의 실태분석”, 「지방행정연구」, 제23권 제2호, 2009. 6.

이우영, “대의제 민주주의에서 소수자 보호의 헌법적 의의와 구조”, 「서울대학교 법학」, 제48권 제3호.

이은재, “여성의 대표성과 지방의회 진출방안”, 「지방행정연구」, 제21권 제4호, 2007. 11.

이자성 외, “경상남도 청렴정책 개선방안 연구”, 「중점정책연구」, 2013. 10.

이정훈 외, “지방의회 의정기능의 실태와 활성화 방안”, 「대한정치학회보」, 제17집 제3호, 2010. 2.

이종훈, “지방자치와 정당 공천제: 기초의회의원을 중심으로”, 「동아법학」, (58) 2013. 2.

이진원, “일본의 지방분권과 거버넌스: 지방분권개혁의 사례 중심으로”, 「세계지역연구논총」, 제25권 제3호, 2006.

이학재, “지방의회와 지방행정기관의 갈등양태 분석과 발전적 관계 정립방안 연구: 경기도를 중심으로”, 「정부와 정책」, 제3권 제2권, 2011. 2.

이현우, “지방선거를 통한 지방자치 평가”, 「세계지역연구논총」, 제24집 제3호.

이혜정, “정당과 지방자치의 관계: 지방자치에 대한 정당참여의 범위와 한계를 중심으로”, 「동아법학」, (58), 2013. 2.

이훈익, “문화 콘텐츠 목표시장 선정 평가모형 개발을 위한 시론”, 「문화경제연구」, 제14권 제1호, 2011. 6.

이희복 외, “지방의회 홍보활동과 미디어 보도 분석: 경기도의회를 중심으로”, 「세계지역연구논총」, 제24호 제3호.

임무룡, “지방의회 행정사무감사의 발전방안에 관한 연구”, 「지역개발연구」, 제10호, 2002.

임성학, “참여민주주의와 정당체제”, 「한국과 국제정치」, 제25권 제1호, 2009.

임영삼 외, “포천시의 지속가능한 지역사회 발전과 스포츠 산업 추진전략”, 「한국엔터테인먼트산업학회논문지」, 제6권 제4호.

임헌만, “기초의회와 자치단체장의 정책역할에 관한 연구”, 「한국행정논집」, 제18권 제2호.

장갑호 외, “기초지방의회 만족도에 대한 영향요인”, 「국가정책연구」, 제24권 제2호, 2010. 4.

전훈, “지방의회 제도개선을 위한 법제정비 방안”, 「공법학연구」, 제2권 4호, 2011. 11.

정규호, “심의민주주의적 의사결정 논리의 특성과 함의”, 「시민사회와 NGO」, 제3권 제1호, 2005.

정대철 외, “경남지역 중소기업의 수출 관련 실태 분석과 활성화 방안”, 경남발전연구원 「중점정책연구」, 2010. 10.

정정숙, “일본 지방자치단체의 참여민주주의 실현”, 「세계지역연구논총」, 제26집 제3호.

정회옥 외, “정당 공천제와 지방정치개혁”, 「한국정당학회보」, 12(2), 2013. 7.

조규화, “기초지방의회의 의정활동이 지역민 만족도에 미치는 영향요인에 관한 연구”, 「한국균형발전연구」, 5(3), 2014. 12.

조성호 외, “지방분권을 위한 중앙기능 조정방안”, 「정책연구」, 2012. 12.

조소영, “지방자치단체장의 정당 공천 여부에 관한 헌법적 검토”, 「공법학연구」, 15(2), 2014. 5.

주성수, “직접, 대의, 심의민주주의제도의 통합: 주민투표와 주민발안 사례를 중심으로”, 「시민사회와 NGO」, 제5권 제1호, 2007.

주재복 외, “지방자치단체의 협력적 거버넌스 재설계 방안”, 한국지방행정연구원, 「연구보고서」, 제451권 0호, 2011.

진종순, “정부조직 간 갈등과 협상: 구리-포천고속도로 건설사례를 중심으로”, 「한국사회와 행정연구」, 22(4), 2012. 12.

차현순 외, “지방의회 조례 입법평가 도입을 위한 표준조례안 연구”, 「한국법제연구원」, 13(24), 2013. 10.

최봉기 외, “지방의회 사무기구의 관리 실태와 인사권 독립방안에 관한 연구”, 「한국행정논집」, 20(1), 2008.

최봉기, 『한국지방의회의 발전과 선진화』(대구: 계명대학교 출판부, 2012).

최진식, “주민소환으로 인한 님비갈등의 정치화에 대한 대응방안 연구”, KIPA 연구보고서, 2009-25.

최홍석, “지방정부의 책무성과 지방의회”, 「지방행정연구」, 17(3), 2003. 12.

하세헌, “일본 지방의회 개혁과 입법 활동”, 「일본연구논총」, 제42호, 2015.

홍영환, “자유주의에서의 심의민주주의”, 「윤리교육연구」, 제13집.

## 2. 외국문헌

### 가. 단행본

Allen Weinstein etc., *The Story of America: Freedom and Crisis from Settlement to Superpower*, New York: DK Publishment Inc., 2002.

Alexis de Tocqueville, *Democracy in America*, New York: Barnes & Noble, 2003.

David Held, 박찬표 역, 『민주주의 모델들』, 서울: 후마니타스, 2010.

Frank-Nachmias 외, *Research Methods in the Social Sciences*, New York: Martin's Press, 1992.

Herbert Heinelt and Xivier Bertrana(ed.), *The Second Tier of Local Government in Europe*, Oxford: Routledge, 2014.

James Garner, *Government in the United States, National, State and Local*(New York: American Book Company, 1822).

Kenneth N. Waltz, *Theory of International Politics*, New York: Random House, 1979.

Peter John, *Local Governance in Western Europe*, London: SAGE Publications, 2001.

Robert A. Dahl, *The Democracy Saurcebook*, Cambridge, MIT Press, 2003.

Ronald L. Terchek and Thomas C. Conte, *Theories of Democracy*, Lanham: Rowman

& Littlefield Publishers, Inc., 2001.

Sandra M. Stevenson, *Local Government*, NJ: LexisNexis, 2009.

Susan Lape, *Reproducing Athens: Mender's Comedy: Democratic Culture, and the Hellenistic City*, Princeton University Press, 2009,

Thomas R. Martin, etc., *The Making If the West, Peoples and Cultures, A Concise History*, Volume I: To 1740, New York: Bedford/St. Martin's, 2007.

## 나. 논문

Andre Bachtiger, etc., "Disentangling Diversity in Deliberative Democracy: Competing Theories, Their Blind Spots and Complementarities, *The Journal of Political Philosophy*, Vol. 18, No. 1, 2010.

_____, "Age of Dictators: Totalitarianism in the inter-war period," *The Wayback Machine*, September 7, 2006.

Albert Humprey, "SWOT Analysis for Management consulting," SRI Alumni News Letter, Sri International, December. 2005.

_____, "Citizen or subject?", *The National Archive*.

_____, "Constitution 1000 years ago," *The Hindu*, Chennai, India, 2008-7-11.

_____, "Constitutionalism: America & Beyond," Bureau of International Information Programs, U.S. Department of State.

David Dyzenhaus, "Critical notice of an On the people's term: a Republican theory and model of democracy," *Canadian Journal of Philosophy*, Vol. 43, No. 4, 2013.

Giles Moss etc., "Knowing your publics: The Use of social media analytics in local government," *Information Polity*, 20(2015).

Guillermo O'Donell, "Why the rule of law matters" Assessing the Quality of Democracy, 2005. 7.

Henry Back, "Party Politics and the Common Good in Swedish Local Government," *Scandinavian Political Studies*, Vol. 26, No. 2, 2003.

Jeffrey D. Hilmer, "The State of Participatory Democratic Theory," New Political Theory, Vol. 32, No. 1, March 2010.

John Martin, etc., "Rural Municipal Development and Reform in Canada: Policy Learning through Local Provincial Collaboration," *Commonwealth Journal of Local Governance*, Issue 10, December 2011-June 2012.

Julian Go, "A Globalizing Constitutionalism?, Views form the Post-colony, 1945-2000" in Arjomand Said Amir, Constitutional and Political Reconstruction, *Brill.*

______, "Magna Carta: an introduction," The British Library.

______, "Origin and growth of Parliament," *The National Archives.*

Robert D. Cooter and Michael D. Gilbert, "A Theory of Direct Democracy and the Single Subject Rule," *Columbia Law Review*, Vol. 110, No. 3, April 2010.

Ronald Woods, Sarah Artist, and Geraldine O'Coner, "Learning in Australian local governing: A roadmap for improving education & training," *Commonwealth Journal of Local Governance*, Issue 18, December 2015.

R. W. Hildreth, "World and Deed: A Deweyan Integration of Deliberative and Participatory Democracy," *New Political Science*, Vol. 34, No. 3, September 2012.

Sabine Kuhlmann, "Reforming Local Government in Germany: Institutional Changes and Performance Impacts, *German Politics*, Vol. 18, June 2009.

Sarah Mann, Rebecca M. Briant, and Maurizio Gibin, "Special determinants of local government action on climate change: an analysis of local authorities in England," *Local Environment*, 2014 Vol. 19, No. 8.

Simon Calmer Andersen etc., "Deliberative Democratic Governance," *Administrative Theory & Praxis*, December 2014, Vol. 36, No. 4.

Staff Writer, "Liberty and justice for some," *The Economist*, 22 August, 2007.

______, "Table and Charts," Freedomhouse. org, 2004-5-10.

Thomas J. Chermack, Kasshanna K. Bernadette, "The Use of and Misuse of SWOT analysis and implications for HRD professionals," Human Resource Development International, 10(4), December 2007.

Yusaku Horiuchi, Jun Saito, and Kyohei Yamada, "Removing Boundaries, Losing Connections: Electoral Consequences of Local Government Reform in Japan, *Journal of East Asian Studies*, Vol. 15, 2015.